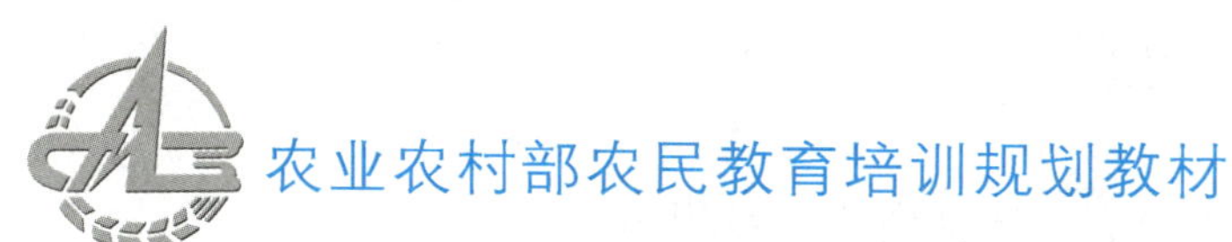

农业企业经营管理

中央农业广播电视学校　组编

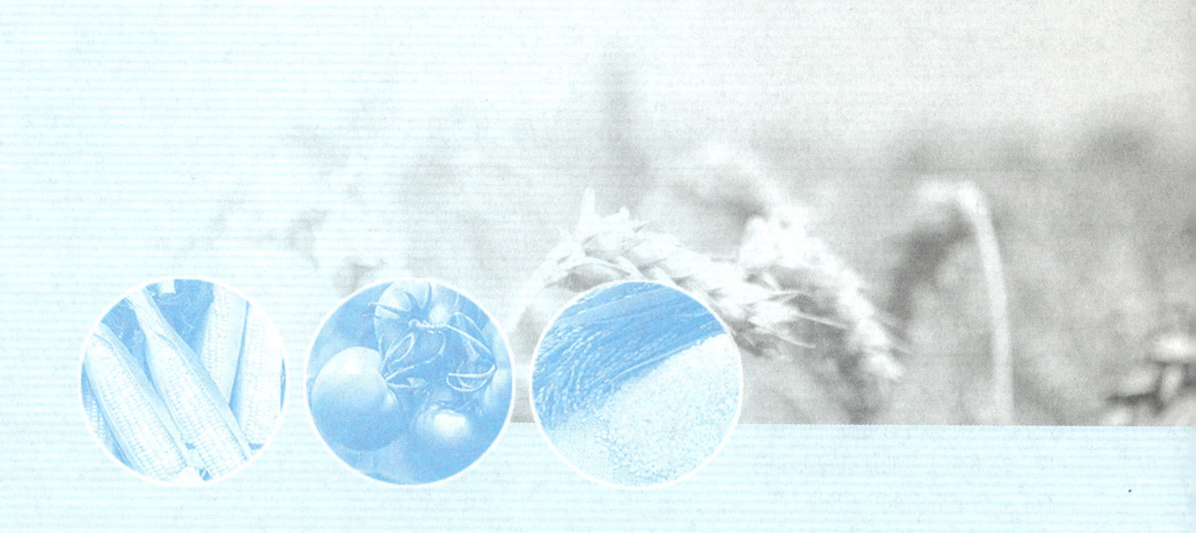

中国农业出版社
北　京

图书在版编目（CIP）数据

农业企业经营管理 / 中央农业广播电视学校组编
. —北京：中国农业出版社，2020.4（2023.1 重印）
农业农村部农民教育培训规划教材
ISBN 978-7-109-26729-9

Ⅰ. ①农…　Ⅱ. ①中…　Ⅲ. ①农业企业管理—技术培训—教材　Ⅳ. ①F306

中国版本图书馆 CIP 数据核字（2020）第 051118 号

中国农业出版社出版
地址：北京市朝阳区麦子店街 18 号楼
邮编：100125
责任编辑：高　原　　文字编辑：刘昊阳
版式设计：杜　然　　责任校对：赵　硕
印刷：北京中兴印刷有限公司
版次：2020 年 4 月第 1 版
印次：2023 年 1 月北京第 3 次印刷
发行：新华书店北京发行所发行
开本：720mm×960mm　1/16
印张：12
字数：210 千字
定价：29.60 元

联系地址：北京市朝阳区麦子店街 24 号楼　邮政编码：100125
电话：010-59196053/6055　网址：www.ngx.net.cn

编审人员名单

主　　编　唐春根

副 主 编　胡永盛　储　慧

参　　编　陈红娟　钱小莉　费汉华

　　　　　袁育明　毛　利　叶惠娟

审　　稿　吕亚荣

指导教师　常　青　张学娟

■ 编写说明

实施乡村振兴战略，是以习近平同志为核心的党中央从党和国家事业全局出发，着眼于实现“两个一百年”奋斗目标，顺应亿万农民对美好生活的期待做出的重大决策部署，是决胜全面建成小康社会、全面建设社会主义现代化国家的重大历史任务。要实现乡村振兴产业兴旺、生态宜居、乡风文明、治理有效、生活富裕的总要求，迫切需要大力开展农民教育培训，大幅提升农民综合素质、农民生产技能和经营管理水平，以适应农业农村现代化要求。实践证明，教育培训是实施乡村人才振兴的关键环节和基础工作，是培养高素质现代农业生产经营者队伍、促进农民增收的有效途径。为做好农民教育培训，保证质量效果，农业农村部对农民教育培训教材进行了整体规划，并委托中央农业广播电视学校组织编写了本套规划教材，供相关机构开展农民教育培训使用。

本套教材定位服务教育培训，强调理实结合、产教融合，突出实践性、针对性和有效性，在选题上立足现代农业发展和乡村全面振兴，选择农民教育培训所需的职业素养、政策法规、农业创业、经营管理、现代农业等通用知识和产业专业技能进行开发；在内容上针对不同类型农民的特点和需求，突出从种到收、从生产决策到产品营销全过程所需掌握的农业生产技术和经营管理理念；在体例上打破传统学科知识体系，以农业生产过程为导向构建编写体系，围绕生产过程和生产环节进行编写，实现教学过程与生产过程对接；在形式上按模块进行编排，双色印刷，图文并茂，通俗易懂，有利于激发农民的学习兴趣。

《农业企业经营管理》是本套农民教育培训规划教材之一。本教材采用模块化编写，包括什么是农业企业、农业企业经营战略决策与计划、农业企业要素管理、农业企业生产管理、农产品质量安全管理、农业企业营销管理、农业企业财务管理、农业企业风险管理和农业企业国际化经营等内容。每个模块安排有正文、读一读、案例和思考题等，具有较强的可读性。本教材由江苏农牧科技职业学院唐春根教授任主编，中国人民大学吕亚荣副教授审稿，由中央农业广播电视学校常青、张学娟担任指导教师，负责编写组织工作，并按照农民教育培训要求对教材进行审定。

鉴于作者水平有限，书中难免有疏漏之处，敬请广大读者批评指正。

中央农业广播电视学校

2019年6月

目 录

模块一
什么是农业企业

学习目的

通过本模块的学习，认识什么是农业企业，理解和掌握农业企业的类型与我国新型农业生产经营的主体，认知农业企业组织结构，培养农业企业家的经营理念。

主要内容

企业是社会的基本细胞，是市场经济活动的主体。要认识现代农业企业，必须要对其研究对象和内容有一个基本的了解，对其肩负的责任和使命要有清醒的认识。本模块主要介绍什么是农业企业、农业企业的组织形式与结构、农业企业的特点以及农业企业的经营理念。

【案例导入】

康华农业的“生态+农业”模式

南京康华农业集团有限公司立足农业，发展开拓大组织、大联合的农业管理与治理方式，以“农业+科技+金融”一体两翼产业发展模式带动现代农业的高效、安全和可持续发展。其下属的江宁康华农业科技股份有限公司的主营业务包括种业研发与运营、农业产业投资、农产品流通、产业链金融与农资、农技服务及基础设施与建设等。康华农业与南京市江北新区联合发展现代花卉，投资建设了现代花卉国际产业园，创新产业发展模式，以“公司+农业合作社（村集体）+产业园区+农户”模式带动现代园艺发展，推动一二三产联动发展。

想一想？

1. 康华农业集团有限公司是什么样的农业企业类型？
2. 康华农业集团有限公司的组织结构形式是什么？
3. 康华农业集团有限公司有哪些经营理念？

任务一 农业企业与农业企业管理

一、农业企业

农业是国民经济的基础，农业企业则是农业产业化经营的重要组织形式。农业企业是指从事农、林、牧、副、渔业等生产经营活动，具有较高的商品率，实行自主经营，独立经济核算，具有法人资格的盈利性的经济组织。在现实生产实践中，农民合作社、家庭农场、国有大中型农场等属于农业企业，农业科技园、农产品综合市场、农业科技服务企业等属于新型经营组织形式的农业企业。根据《中国农村经济统计年鉴》的数据，过去十年间，我国农业企业数量快速增长，2004 年我国有家庭农场、农民合作社、产业化龙头企业等各类农业企业 4.97 万家，截至 2017 年，增加到 280 万家，仅农业上市公司就已达到 3 034 家。与此同时，农业企业的生产经营规模、机械化水平等指标大幅提高，涌现了新希望六和、大北农、温氏集团等一大批知名农业企业。农业企业的发展极大地提高了农业劳动生产率、土地产出率和农产品商品化率，推动了农业生产力的发展。

与一般工商企业不同，农业企业因关系国计民生、受自然条件影响较大等原因，具有一些特殊的特点，具体如下：

1. 农业企业经营具有公益性 农业企业在经营过程中，不能像工业企业一样仅仅考虑企业盈利。农业直接关系到人民的生活质量，如果连人民最基本的生活质量都无法满足，那么国家的发展也就无从谈起。因此，农业企业在经营过程中往往还要考虑社会需求和民生问题等。

2. 农业企业经营风险较大 与一般企业相比，农业企业不仅随时面临市场风险，而且受到自然条件的限制，自然风险突出。自然风险是指因自然力不规则变化产生的现象所导致的危害经济活动、物质生产或生命安全的风险，如地震、水灾、火灾、风灾、雹灾、冻灾、旱灾、虫灾以及各种瘟疫等自然现象。自然风险对农业企业来说可能是致命的，企业的经营效益具有较大的不确定性。如海南农业企业受台风的影响特别大，台风一来，海南的冬季瓜菜经常全军覆没，企业将面临巨大的亏损。

3. 农业企业生产周期比较长 与一般工商企业可以短期批量生产不同，农业企业的生产必须遵循一定的自然规律，供应的产品大多数都是有生命特征的，且具有季节性。农产品有自己的萌芽、发育、成长、成熟、枯萎周期，周期相对较长。

4. 农业企业规模较小 受传统“小农”思想影响，我国农业企业一般以家庭作坊的形式出现，投资规模及员工人数都极为有限。在企业发展初期，由家庭成员或家族旁支亲戚组成，在产品生产和企业管理上多凭借经验和人情关系。由于企业生产能力的不足，小规模农业企业往往不具备抗风险能力，在市场竞争大环境中处于劣势。

5. 交通运输较为不便 农业企业一般地处农村，交通条件落后，运输成本高，生产经营活动分散，组织管理难度较大。在部分农村，公路尚不健全，运输遇到很大阻力。同时，农产品对运输又有很高的要求，尤其是鲜活农产品，运输前要做好预冷处理，运输过程中对温湿度要求较高，加大了运输成本和难度。

6. 可持续发展空间受到限制 农业企业的创办人和投资者多为农民，企业的生产及实现盈利通常依托管理者经验和市场机遇，缺乏经营理念和现代化管理，导致企业发展后劲不足，可持续性差。很多农业企业在扣除劳动工资、原料投入后，利润空间小，使得多数农业企业举步维艰。

7. 融资难度较大 大部分农业企业由于规模小、实力弱，很难得到资本市场的青睐，企业发展过分依赖经营者自身财富，资本成为阻碍农业企业发展的重要因素。在农业企业，尤其是中小型农业企业的竞争中，是否拥有充足的资金成为企业成败的关键。由于农村地区金融体系不完善，无论是金融机构还是银行贷款发放都很难垂直到达农业企业，使得资本成为困扰农业企业发展的主要原因。

8. 缺乏懂农业、爱农村的人才 农业企业主体本身的文化层次相对较低，企业资金的匮乏造成农业企业在生产技术和经营管理上很难展开正规培训，农业企业参与者的文化水平普遍偏低。农村基础设施建设的不足和物质水平的限制使得在外接受高等教育的青年不愿返乡，企业在发展过程中很难吸引人才，导致企业经营范围与管理水平受到极大限制。

二、农业企业经营管理

所谓农业企业经营管理，是指对农业企业整个生产经营活动进行决策、计划、组织、控制、协调，并对企业成员进行激励，以实现其任务和目标的一系列工作。农业企业经营管理以单个农业企业的经济活动为对象，目的是合理组织企业内外资源，加强产销供各环节之间的衔接，以尽可能少的劳动和物质消耗发挥最大效应，实现最大利润。

农业企业经营管理主要包括以下内容：

（1）理解和掌握农业企业的类型与经营组织形式，认知农业企业组织结构，培养农业企业家的经营理念。

（2）做好市场调查，掌握经济信息，进行经营预测和经营决策，确定经营方针、经营目标和生产结构。

（3）掌握薪酬管理、绩效考评、土地承包费测定、农业技术开发及创新、融资模式等，正确实施企业的要素管理。

（4）掌握解决生产与流通中农产品质量安全的方法，熟悉农产品“三品一标”认证流程，正确运用农产品质量追溯系统。

（5）做好农产品市场调查与预测，细分市场与产品定位，建设农业企业产品品牌，做好产品营销管理。

（6）加强成本核算和财务管理，准确评价企业经营效益。

（7）认知农业企业风险及其分类，树立风险意识，掌握农业企业风险应对的方法。

任务二　农业企业的类型与我国新型农业生产经营主体

一、农业企业的类型

（一）按农业生产经营领域分

农业企业可分为种植业（及其产品加工品）生产企业、林业（及其产品加工品）企业、畜牧业（及其产品加工品）企业、渔业（及其产品加工品）企业等。

（二）按要素集约化程度分

农业企业可分为劳动密集型农业企业、资金密集型农业企业和技术密集型农业企业等。

1. 劳动密集型农业企业　劳动密集型农业企业指生产中需要大量劳动力的农业企业。农业生产环节的企业多半是劳动密集型企业。

2. 资金密集型农业企业　资金密集型农业企业指产品成本中资金成本较高

的企业。现代农业企业大多具有投资大、现代化技术装备程度高、容纳劳动力相对少、劳动生产率高等特征，此类企业属于资金密集型农业企业。

3. 技术密集型农业企业 技术密集型农业企业指技术装备程度比较高，所需劳动力或手工操作的人数比较少，产品成本中技术含量消耗占比较大的农业企业。此类企业因技术密集程度与自动化水平较高，要求内部员工具有较高的专业技术知识和技能。

（三）按资产的所有制性质分

农业企业可分为国有农业企业、集体农业企业、私营农业企业和股份制农业企业等。

1. 国有农业企业 国有农业企业指国家出资兴办的农业企业，如国有农牧场。

2. 集体农业企业 集体农业企业指集体出资兴办的农业企业，如农业企业合作社。

3. 私营农业企业 私营农业企业指社会个人出资兴办的农业企业。

4. 股份制农业企业 股份制农业企业是由多个投资主体共同出资兴办的农业企业，如股份有限公司和有限责任公司。

二、新型农业生产经营主体

所谓新型农业生产经营主体，主要是指在完善家庭承包经营的基础上，有文化、懂技术、会经营的职业农民以及大规模经营、有较高的集约化程度和市场竞争力的农业经营组织。

农业生产经营主体的类型有 4 种，即专业大户、家庭农场、农民合作社和农林产业化龙头企业。

1. 专业大户 专业大户以从事某种单一的农产品初级生产为主，其规模要大于分散经营农户的生产规模，而且专业程度较高。专业大户与一般农户区分的标准有两个方面，即规模和专业化。其特点是所生产的农产品较为单一，参与市场流通比较被动，生产效率和普通农户相比有所提高。

2. 家庭农场 家庭农场是以家庭成员为生产主体的企业化经营单位，具有法人性质，和专业大户相比，其特点是产业链较长，集约化、专业化程度较高，并非简单从事初级农产品生产。这种模式集专业化的农产品生产、加工、流通、销售为一体，涵盖一二三产业，如江苏省宝应县的一个家庭农场既种植大规模玫瑰园，又开发了玫瑰系列产品，还从事乡村旅游或者经营农家乐等。其特点是商品化水平较高，生产技术和装备较为先进，规模化和专业化程度较高，生产效率极高。

3. 农民合作社 农民合作社是以农村家庭承包经营为基础，农户之间通过土地、劳动力、资金、技术或者其他生产资料采取一定合作方式组成的经营联合体。这种模式是一种互助性质的农业生产经营组织，其规模更大，专业化水平更高，与市场的结合程度也更高，是农民自愿组织起来的联合经营体，也就是"抱团取暖"。其特点是分工明确，从生产、加工到销售都有专门的团队在做，生产效率也因此得到提高。

读一读

农民合作社与合伙制企业、股份制有限责任企业的区别

合伙制企业是指两个或两个以上投资者合伙共同组建的企业，是在业主制企业的基础上发展起来的。它在两个或两个以上业主的个人财产的基础上经营，共同对债务承担无限责任。

股份制有限责任企业是一种入股集资、联合从事生产经营的企业组织形式。股东以其所持股份为限对公司承担责任，公司以其全部资产对公司债务承担责任。

三者的区别是：①组织目标、本质不同；②出资金额不同；③资本所有者、管理者及直接劳动者的统一程度不同；④分配方式不同，股份制主要按资本分配，而农民合作社除按劳动分配外，主要按交易量分配。

不管是合伙制、股份制，还是其他企业形式，都具有企业的共同特点。企业是指依法设立的以赢利为目的的从事生产经营的独立核算的经济组织。其目的都是为了赢利，以实现资本的保值增值，本质是资本营运；而农民合作社的目的主要是降低社员的交易费用，是非营利组织，虽要运作企业，但仅作为手段，其本质是交易的联合，这与企业有本质区别。

4. 农林产业化龙头企业 农林产业化龙头企业所经营的内容可以涵盖整个产业链条，从农产品的种植与加工、仓储、物流运输到销售甚至科研，组织化和专业化程度都比较高，通常与农户的合作社模式主要有"企业＋基地＋农户""企业＋专业合作社＋基地＋农户"等，在实现自身发展的同时，也能带动农户的发展，甚至带动一个区域特色农产品的发展，效率远远高于前3种新型经营主体。

任务三　农业企业组织结构与创新

一、常见的农业企业组织结构形式

企业的管理组织结构是指为了更好地管理企业，提高企业运营效益而构造的企业内部关系。农业企业组织结构的形式主要有以下 4 种：

（一）直线制

直线制是最早也是最简单的一种企业组织形式（图 1－1）。在这种结构类型中，组织职位按照垂直系统直线排列，企业从上到下实行垂直领导，各级主管对自己的下级拥有直接的一切职权，下属部门只接受一个上级的指令，各级主管对所属单位的一切问题负责。这种组织结构比较简单，责任分明，命令统一，适用于生产技术和工艺过程简单、产品单一、规模较小的农业企业。如家庭式农场，在全家劳力参加生产的基础上，家庭成员间实行分工负责制，户主是法人，管全面工作，其他成员分管生产、渠道、销售、财务等工作，也可能一人兼多职。这种形式多出现于个体工商户或独资企业形式下的家庭农场。

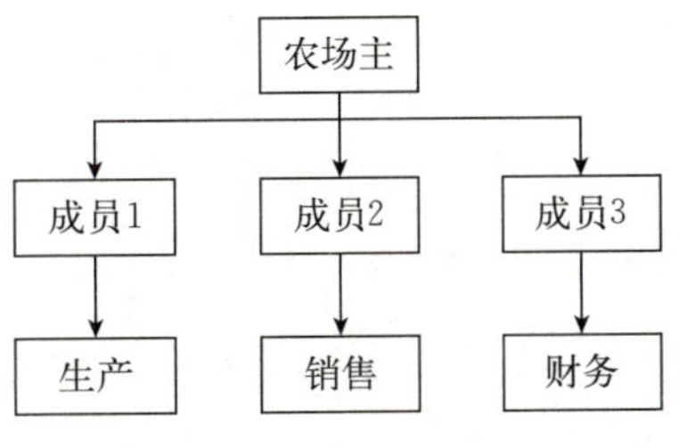

图 1－1　直线制家庭农场组织结构

（二）职能制

职能制组织结构是在直线制的基础上，各级行政单位除主管负责人外，还相应地设立一些职能机构，如在厂长或经理下面设立职能机构和人员，协助厂长或经理从事职能管理工作。这种结构要求主管把相应的管理职责和权力交给相关职能机构，各职能机构有权在业务范围内向下级行政单位发号施令。因此，下级行政负责人除了接受上级行政主管负责人的指挥外，还必须接受上级各职能机构的领导。其优点是充分发挥职能机构的专业管理作用，减轻直线领导人的负担；缺点是行政负责人和职能机构领导多。这种组织形式适用于有限责任公司形式下的家庭农场（图 1－2）和农民合作社（图 1－3）。

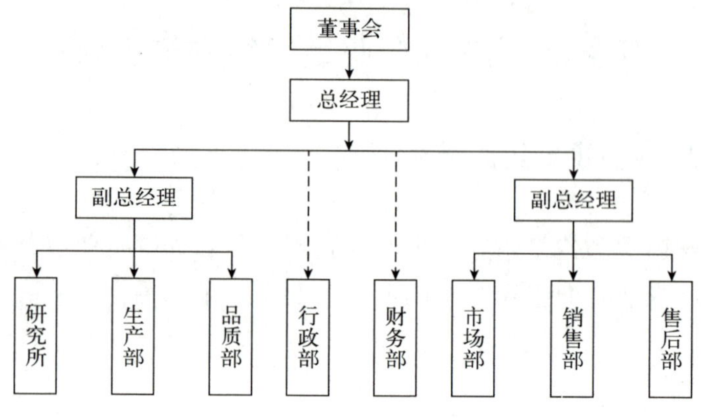

图 1-2　职能制家庭农场组织结构

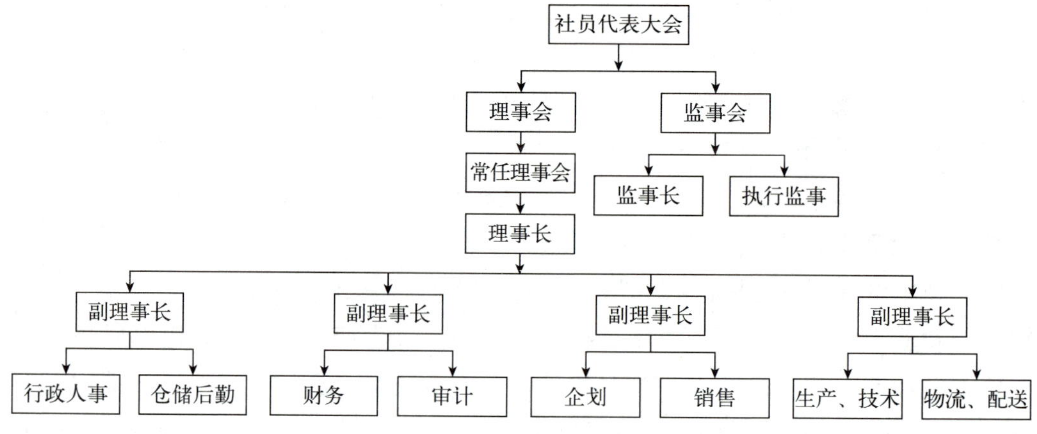

图 1-3　职能制的农民合作社组织结构

（三）直线职能制

直线职能制也称直线参谋制，它把直线制结构与职能制结构结合起来，以直线为基础，在各级负责人之下设置相应的职能部门，分别从事专业管理（图 1-4）。这种组织结构形式是把企业管理机构和人员分为两类：一类是直线领导机构和人员，按命令统一原则对各级组织行使指挥权；另一类是职能机构和人员，按专业化原则，从事企业的各项职能管理工作。直线领导机构和人员在自己的职责范围内有一定的决定权和对所属下级的指挥权，并对自己部门的工作负全部责任；而职能机构和人员则是直线指挥人员的参谋，不对直线部门发号施令，只能进行业务指导。直线职能制目前是我国现代农业企业运用最为广泛的一种组织结构形式。

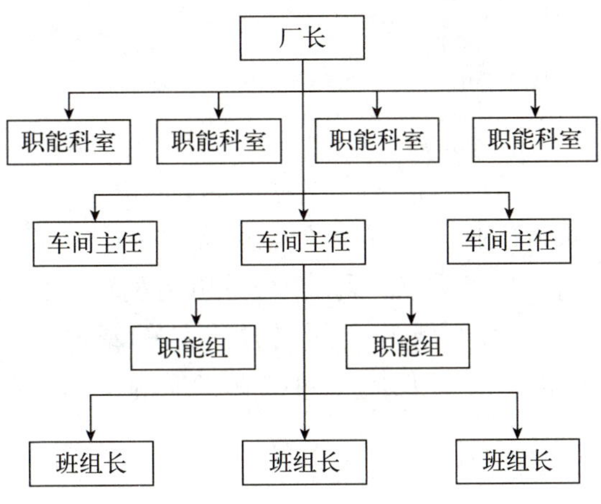

图 1－4　直线职能制组织结构

（四）事业部制

事业部制是在一个企业内对具有独立产品市场或地区市场并拥有独立利益和责任的部门实行分权化管理、分级核算、自负盈亏的一种组织结构形式（图 1－5）。其具体做法是：一个公司按地区或按产品类别分成若干个事业部，从产品的设计、原料采购、成本核算、产品生产，一直到产品销售，均由事业部负责，公司总部只保留人事决策、预算控制和监督大权，并通过产值、利润等指标对事业部进行控制。此种组织形式适用于规模庞大、品种繁多、技术复杂的大

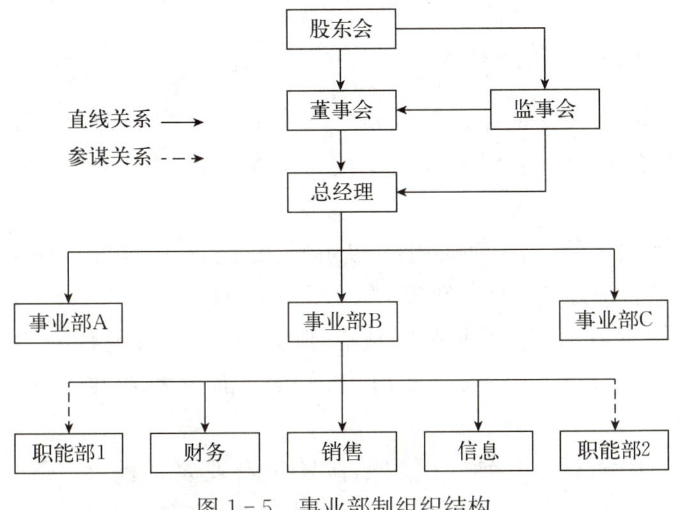

图 1－5　事业部制组织结构

型现代农业企业或企业集团等。

二、农业企业组织创新

（一）创新

“创新”在1912年首次提出，是指企业家将“生产要素和生产条件的一种从未有过的新‘组合’引入生产系统”以获得“超额利润”的过程。“创新”的内容可概括为5个方面：①引入新的产品（含产品的新质量）；②采用新的技术（含生产方法、工艺流程）；③开拓原材料的新供应源；④开辟新的市场；⑤采用新的组织、管理方式方法。

（二）组织创新

组织创新是企业适应环境变化和自身发展的要求，对原有组织进行整体性、根本性的变革，使组织的功能得到质的提高，以适应未来组织发展的要求。组织变革的目的就是提高组织的效能。

（三）农业企业的组织创新

农业企业组织创新的要求就是要企业产权明晰、经营自主、决策科学。农业企业组织创新的动因主要来自企业外部和企业内部，包括来自企业外部的压力，如加入世界贸易组织、全球贸易摩擦、市场变化等；来自企业内部的推力，如企业战略调整、规模经济、企业技术进步、企业功能变化等。

（四）农业企业组织创新思路

按照创新理论，农业企业组织创新思路主要包括内涵组织创新和外延组织创新。我国的农业企业组织应以内部组织创新为主，采用内涵和外延创新相结合的方式。

1. 内涵式组织创新 内涵式组织创新主要是提升农业企业的组织效率及核心竞争力，具体包括完善产权制度、培育经营主体、扩大经营规模、实行科学管理等。鼓励农业组织建立现代企业制度，采用现代农业科技和设备，实行集约化和规模化，一二三产业融合发展，促进农业企业转型升级，提质增效。

2. 外延式组织创新 外延式组织创新是指农业企业跨越原有边界，与相关组织在利益共享、风险共担的原则下，通过契约方式建立各种形式的联合经营组织，形成产加销一体化、贸工农一条龙的产业链，各经营主体在产业链上独立或协作完成农业生产经营活动。外延式组织创新运作模式包括农户承包、区域连片、产业集聚、农业合作、一体化经营、农业科技园区等，其典型模式是“公司＋农户”“公司＋基地＋农户”“公司＋合作社＋农户”的农业产业化组织形式。

任务四　农业企业的经营理念

观念决定思路，思路决定出路。要实现农业发展方式的转型，必须转变农业企业的经营理念。乡村振兴战略的提出为解决“三农”问题指明了方向，农业企业发展中面临着利润挤压严重、土地资源紧缺、资金流转困难等难题，应遵循外部环境和内部条件相适应的发展理念，以农业资源开发为基础，坚持质量兴农、品牌强农，深化农业供给侧结构性改革，构建现代农业产业体系、生产体系、经营体系，推动农业发展质量变革、效率变革、动力变革，持续提高农业创新力、竞争力和全要素生产率，从根本上改变经营理念，实现农业企业长远发展大计。

一、鼓励建立现代企业制度

按照现代企业制度运行能够优化配置土地、资本、劳动力等生产要素，产权清晰，责权明确，科学管理，履行有限责任，因此，这种制度是今后企业的发展方向。随着我国农业向现代农业转型，农业企业采用现代企业制度将成为必然趋势。

二、强化农产品质量安全意识

农业企业要实施食品安全战略，建立农产品质量分级及产地准出、市场准入制度；执行农兽药残留限量标准体系，推进农产品生产投入品使用规范化；建立农产品质量安全风险评估、监测预警和应急处置机制；建立农产品认证体系和农产品质量安全监管追溯系统，强化农产品生产经营者的质量安全意识。

三、树立农业品牌，提升观念

农业企业要积极形成以区域公用品牌、企业品牌、大宗农产品品牌、特色农

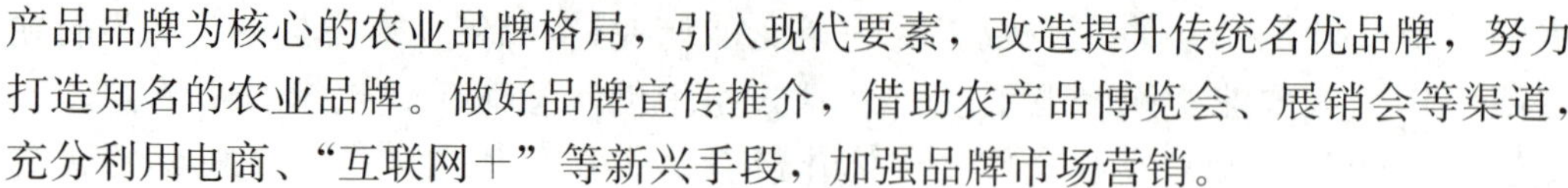

产品品牌为核心的农业品牌格局，引入现代要素，改造提升传统名优品牌，努力打造知名的农业品牌。做好品牌宣传推介，借助农产品博览会、展销会等渠道，充分利用电商、“互联网＋”等新兴手段，加强品牌市场营销。

四、倡导“绿色”观念

所谓“绿色”观念，是一种“珍爱生命，崇尚自然，保护生态，爱护环境，尊重规律”的现代观念。从现代农业企业经营的角度来说，倡导“绿色”观念就是在农业生产的产前、产中、产后各环节实行“绿色”过程管理。例如，对于种植业企业来说，生产环境是良好的，包括土壤、水、大气都不得有污染；生产过程是良好的，所使用的种子、肥料、植保用品是安全的，不会给环境造成污染，不会造成产品的不安全；产后加工、销售等过程都是在一个良好环境下进行的，并不得对环境造成危害；最终产品是安全的。在“绿色”观念的引领下，农业企业效益的取得是在一个不对资源、环境造成破坏，不对消费者的健康造成影响的前提下实现的。

五、注重创新观念

随着我国国际化进程的不断深入，农业企业的竞争越来越激烈，在激烈的市场竞争中，企业要想占有一席之地，就不能固守成规，必须顺应市场需求的变化，在变中求生存、求发展，不断提高市场的竞争力。这就需要将创新的理念引入企业文化之中，将创新贯穿于企业生产过程的始终。创新不仅指产品的创新，还包括观念创新、制度创新、技术创新、市场创新和管理创新等。

模块小结

围绕什么是农业企业，本模块主要介绍了农业企业的类型、采用的经营组织形式、搭建的组织结构以及领导农业企业必备的经营观念。通过本模块的学习，学员主要了解农业企业的不同类型，掌握我国新型农业生产经营的主体，熟悉4种常见的农业企业组织结构形式，理解现代农业企业的经营理念，树立农业企业的创建比工业企业更难、责任更大的意识，培养未来农业企业家的创新能力和全面观念。

思考题

1. 说说你身边熟悉的农业企业的类型和组织形式有哪些？

2. 网上查询中共中央办公厅、国务院办公厅印发的《关于加快构建政策体系培育新型农业经营主体的意见》，并组织讨论本地区出台的相关扶持政策。

3. 网上查询中央农村工作领导小组办公室、农业农村部等11部门和单位联合印发的《关于实施家庭农场培育计划的指导意见》，讨论文件中用地、财政、税收、金融、保险、信息化等支持政策对未来家庭农场发展的影响。

项目训练

走访本地区几家不同类型的农业企业并画出其组织结构图。

模块二

农业企业经营战略决策与计划

学习目标

通过本模块的学习，理解和掌握农业企业经营战略的概念及其构成要素，认知农业企业经营目标的制定，培养农业企业家制订企业经营计划的能力。

主要内容

农业企业如何进行产品与投资决策是农业企业生产管理的首要问题。农业企业的所有决策都是以产品决策为龙头展开的，产品决策在极大程度上决定着农业企业经营的成败。本模块重点介绍了农业企业经营战略选择、农业企业经营目标的制定以及如何编制经营计划。

【案例导入】

“农业＋休闲”经营战略

“农业＋休闲”模式是利用当地特有的农业资源，发展“产业＋旅游”为一体的农业，一是打造附加值高的农业，二是发挥农业的多种功能，发展休闲农业，增加农民收入。在休闲农业区，游客可以参观农庄、采摘水果、体验农民的生活，还可以住宿和度假。“农业＋休闲”模式是以品牌农业为基础，延伸发展农业衍生的多种功能业态。

多利集团是一家“农业＋休闲”的领军企业，打造出了“多利农庄”休闲农业品牌，已在现代农业、生态农业、热带农业三大板块形成60多个基地和100余种产品体系，十多年来成功服务了数百家优质企业和10万多个家庭。2016年，多利农庄战略转型升级，成为“平安好生活”的承载主体，依托平安保险140万人的销售团队及7 000万人的高端客户资源，拓展新销售链条和营销网络体系，正式成为“健康安全食生活”方式的提供者。

成都多利农庄项目总规划面积约 2 万亩*，以“市民农庄、乡村创客、造梦乐园”为建设主题，激活都市农业的多重价值，构建集休闲农业、养生农业为一体的国际生态旅游度假地和有机农业旅游目的地。项目计划建设 10 000 亩有机生态农业示范区、大型智能温室大棚、分拣包装中心，同时创建农业科创中心，以乡村创客为载体，以“成果转化＋孵化基地＋服务平台”的模式吸引农业企业和合作社，带动周边地区 5 万亩生态农业发展。

（资料来源：东滩顾问．现代农业的经营模式及案例分析．https://www.sohu.com/a/230291925_494876，2018-05-03.）

想一想？

1. 多利集团为什么选择“农业＋休闲”经营战略？
2. 围绕经营战略，多利集团制订了怎样的经营计划？
3. 谈一谈你对成都多利农庄项目的看法。

任务一　选择经营战略

随着我国农业产业化的快速发展，适度规模经营和企业化经营正成为我国实现农业现代化的重要途径。农业企业要想得到快速的发展，最主要的就是要制定企业的经营战略。农业企业管理的重点在经营，经营的重心在决策。

一、农业企业经营战略概述

（一）农业企业经营战略的含义

农业企业经营战略是指农业企业为适应未来环境的变化，对生产经营和持续与稳定发展中的重大问题进行全局性、长远性、纲领性的谋划和决策，是企业高层管理者指导和控制其生产经营行为的最高行动纲领。通过制定经营战略，可以使农业企业对当前和长远发展的经营环境、经营发展方向、企业经营实力有一个正确的认识，使企业领导者从长远的、全面的角度研究分析企业的发展问题，从而不失时机地把握机会、避开风险、发展自己，使企业能够在竞

* 亩为非法定计量单位，1 亩≈667 米^2。——编者注

争中求得生存和发展。

（二）农业企业经营战略的特点

（1）全局性。全局性即以农业企业全局为对象，根据农业企业总体发展的需要而制定。

（2）长远性。长远性是指对未来较长时间（5年以上）内农业企业的生存与发展的通盘考虑及筹划。

（3）竞争性。农业企业经营战略是关于农业企业在竞争中如何与竞争对手相抗衡的行动方案。

（4）纲领性。经营战略具有统帅作用，侧重于解决农业企业生存发展中的主要矛盾。

（5）风险性。由于环境变化的不确定性，使得经营战略具有一定的风险决策特征。

（6）稳定性。经营战略在一定时期内应该具有稳定性，当然，也应处理好总体上的连续稳定和过程与环节上的灵活性。

二、农业企业经营战略的构成要素

农业企业经营战略的构成要素包括产品与市场领域、成长方向、竞争优势和协同效应4个方面。

（一）产品与市场领域

产品与市场领域表明了企业的特定行业和领域，以及企业的产品与市场地位是否在所处行业中占有优势。为了清楚地表达企业的经营主线，产品与市场范围常常需要分行业来描述。分行业是指行业内具有相同特征的产品、市场、使命和技术的小行业，如饮料行业中的果汁饮料。

（二）成长方向

成长方向是指企业在发展过程中可选择的发展方式。战略管理的鼻祖安索夫根据企业的产品范围和市场范围，把成长方向分为4种方式，如表2-1所示。

1. 市场渗透　市场渗透是现有产品与现有市场相结合的成长方向，产品与市场都没有变化。这种成长方向较常见的方式就是企业在现有的市场范围内挖掘新的顾客，提高老顾客对产品的使用频率或使用量，以达到提高现有产品的销售额和产品市场占有率的目的。

表 2-1 企业成长方向组合

市场	产品	
	现有产品	新产品
现有市场	市场渗透	产品开发
新市场	市场开拓	多角化经营

2. 市场开拓 市场开拓是指企业利用现有产品开拓新的市场。这种形式可以增加产品的市场覆盖面，利用不同区域市场的差异性提高产品的销售业绩，如我国企业的水产品、蔬菜及水果等出口到日本、东南亚、欧洲、中东等国家和地区市场，就属于市场开拓。成功的市场开拓可以为企业带来更大的发展空间。

3. 产品开发 产品开发是指企业服务的市场不变，而产品不断更新换代。这种形式与前两种形式相比有一定难度，它要求企业具备较强的研发能力，以保证产品的改良和更新换代，如水稻、西瓜等农产品新品种的研究开发。

4. 多角化经营 多角化经营是指由新产品和新市场领域组合而形成的企业成长方向。多角化又称多元化、多样化，即企业经营业务种类的增加。多角化不但可以为企业带来更多的利润，更为重要的是，它可以为企业分散风险，达到“东方不亮西方亮”的效果，以确保企业稳定发展。这种形式比前 3 种形式的成长方向难度更大，它要求企业具有很强的实力。多角化的经营方式在企业中较为多见，但多角化也容易导致企业实力分散，影响产品的竞争优势。

（三）竞争优势

竞争优势是指企业通过其资源配置的模式与经营范围的决策，在市场上所形成的与竞争对手不同的竞争地位。它表明了企业某一产品与市场组合的特殊属性，凭借这种属性可以给企业带来强有力的竞争地位。企业可以通过寻求兼并；设置保持防止竞争对手进入的障碍与壁垒；进行产品技术开发，生产具有突破性的产品，以替代旧产品的方式取得并保持竞争优势。

（四）协同效应

协同效应是指企业各经营领域之间的联合作用而产生的整体效果大于各自单独经营时的效果之和的效应，即整体大于部分之和的效应。

三、农业企业经营战略的类型

农业企业要做好经营战略决策的制定和实施，必须紧跟时代发展趋势，时时把更新企业经营战略的观念放在首位。

（一）经营态势战略

经营态势战略是指根据企业所处的环境以及未来发展趋势而确定的企业总的行动方向，一般分为3种类型：稳定型战略、发展型战略和紧缩型战略。

1. 稳定型战略 稳定型战略是指农业企业限于经营环境和内部条件，在一定时期内所期望达到的经营状况基本保持在某一水平上，其核心是提高现有条件下的经济效益。这种战略强调的是投入少量或中等程度的资源，保持现有的产销规模和市场占有率，稳定和巩固现有的竞争地位。

2. 发展型战略 发展型战略又称扩张型战略，指农业企业扩大原有主要经营领域的规模或向新的经营领域开拓。其核心是通过竞争优势，谋求发展与壮大。这种战略适用于有发展和壮大自己的机会的企业，其特点是投入大量资源，扩大产销规模，提高竞争地位，提高现有产品的市场占有率或用新产品开辟新市场。

3. 紧缩型战略 紧缩型战略是指农业企业从目前的经营领域收缩和撤退，且偏离目标起点较大的一种经营战略。其核心是通过紧缩来摆脱当前或即将出现的困境，以求将来的发展。这种战略适用于外部环境与内部条件都十分不利，企业只有采取撤退措施才能避免更大损失的情况。

这3种经营态势战略的优缺点及适用的农业企业类型如表2-2所示。

表2-2 经营态势战略优缺点及适合企业类型

策略类型	优点	缺点	适合农业企业类型
稳定型战略	风险小，成功的可能性大	发展变慢，忽视外部环境变化，错过发展机遇	中小型农业企业
发展型战略	规模能够扩大，领域能够拓展	需要投入大量资源，经营风险大	大型农业企业、科技型农业企业
紧缩型战略	节约开支和费用，可以顺利地度过所面临的不利处境，实行资产的最优组合	失去部分业务与市场份额，内外部员工不满	危机型农业企业

（二）经营领域战略

经营领域战略是指企业在某一行业或某一细分行业内确立其市场地位和发展态势的战略，一般分为 3 种类型：低成本战略、差异化战略和目标集中化战略。

1. 低成本战略 低成本战略是指农业企业通过有效途径降低成本，使其全部成本低于竞争对手的成本，甚至是同行业中最低的成本，从而获得竞争优势的一种战略。

当农业企业处于低成本地位时，可以抵挡住现有竞争对手的对抗，即使在竞争对手不能获得利润只能保本的情况下，农业企业仍能获利。面对强有力的购买商要求降低产品价格的压力，处于低成本地位的农业企业在进行交易时握有更大的主动权，可以拥有与购买商讨价还价的能力。当强有力的供应商抬高农业企业所需资源的价格时，处于低成本地位的农业企业可以有更多的灵活性来解决困境。农业企业已经建立起的巨大的生产规模和成本优势使欲加入该行业的新进入者望而却步，形成进入障碍。在与替代品竞争时，低成本的农业企业往往比本行业中的其他农业企业处于更有利的地位。

2. 差异化战略 差异化战略是指农业企业向顾客提供的产品或服务与其他竞争者相比独具特色、别具一格，从而使其建立起独特竞争优势的一种战略。

差异化战略产生的高边际效益增强了农业企业对抗供应商讨价还价的能力；农业企业通过差异化战略，使购买商缺乏与之可以比较的产品选择，降低购买商对价格的敏感度；差异化战略可以建立起顾客对本产品的信赖，使得替代品无法在性能上与之匹敌。但是如果顾客对某种差异化产品可觉察价值的评价不足以使其认同该产品的高价格，低成本战略会轻而易举地击败差异化战略。当顾客变得更加精明时，他们就会降低对产品或服务的差异化要求，转而选择价格较低的产品。

3. 目标集中化战略 目标集中化战略指将农业企业的经营活动集中于某一特定的购买群体、产品线的某一部分或某一地域性市场，通过为这个小市场的购买者提供比竞争对手更好、更有效率的服务来建立竞争优势的一种战略。

制定集中化战略，首先要检验该战略所需要的市场基础和农业企业基础。在通过对上述市场基础和农业企业的基础检验后，农业企业可依据对小市场顾客需求的深入分析和农业企业核心竞争力所在，以及潜在进入者的威胁等进行决策，选择具体的集中化战略。然后根据所选战略，运用前述低成本战略的制定方法或差异化战略的制定方法来制定具体的集中化战略方案。由于农业企业要在特定的细分市场中采用集中化战略，因此，前两种战略也能依据自身优势为农业企业所采用或实施。此外，由于集中化战略避开了在大市场内与竞争对手的直接竞争，对于一些力量还不足以与实力雄厚的大公司抗衡的中小农业企业来说，这种战略可以增强他们相对的竞争优势，因而对中小农业企业具重要意义。即使对于大型农业企业来说，采用集中化战略也能避免与竞争对手正面冲突，使农业企业处于一个竞争的缓冲地带。竞争对手可能会进入农业企业选定的细分市场，并采取优于农业企业的更集中化的战略，此外，狭窄的小市场中的顾客需求可能会与大市场中一般顾客的需求趋同，此时集中化战略的优势就会被削弱或消失。

这 3 种经营领域战略的优缺点及适用的农业企业类型如表 2－3 所示。

表 2－3　经营领域战略优缺点及适合企业类型

策略类型	优点	缺点	适合农业企业类型
低成本战略	抵挡住现有竞争对手的对抗；抵御购买商讨价还价的能力；更灵活地处理供应商的提价行为；形成进入障碍；树立与替代品的竞争优势	降价过度引起利润率降低；新加入者可能后来居上；丧失对市场变化的预见能力；技术变化降低企业资源的效用；容易受外部环境的影响	中小型农业企业
差异化战略	建立起顾客对企业的忠诚；形成强有力的产业进入障碍；提升单个产品利润	企业的生产成本和营销费用增加	大型农业企业、科技型或品牌型农业企业
目标集中化战略	以业务专精赢得市场，获得超额利润	放弃一部分市场，行业风险抵御能力较低	中小型农业企业

任务二　制定经营决策

一、农业企业经营决策概述

1. 农业企业经营决策的定义　决策有狭义和广义两种解释。狭义的决策就是人们常说的“拍板定案”“做决定”。广义的决策是把决策理解为一个动态过程，包括决策问题的提出、资料的搜集、决策目标的确定、决策方案的设计、方案的分析评价与选择执行、检查和监督执行情况等一系列环节。农业企业经营决策就是运用决策方法，对企业总体活动及重要经营活动的目标、方针和策略进行的抉择。

2. 农业企业经营决策的特点

（1）超前性。决策是针对未来的行动，要求具有一定的超前意识，能预测事物发展的趋势。

(2) 目标性。决策是为了解决问题，没有目标或目标不明确的决策是无效的。

(3) 选择性。决策是从两个及以上的备选方案中，通过比较和综合评判选定的。

(4) 可行性。决策的备选方案必须都是可行的，能解决实际问题。

(5) 过程性。决策不是简单的灵机一动，而是一个多阶段、多步骤的研判过程。

(6) 科学性。决策者进行选择的时候需本着科学的原则，遵循事物的发展规律做出科学、正确的决策。

(7) 风险性。决策面临诸多不可控因素，需冒一定的风险。

二、农业企业经营决策的内容

在农业企业生产经营的整个过程中均含有决策的过程，农业企业生产经营活动的每个时空都离不开决策。其内容主要包括农业企业经营战略决策、农业企业市场营销决策、农业企业技术开发决策、农业企业财务决策、农业企业组织和人事决策及日常管理决策等。

三、农业企业经营决策的程序

决策过程包括调查研究、发现问题、确定目标、拟定备选方案、对比择优、实施过程的反馈与修正等一连串的活动，一般可分为 4 个基本步骤：

1. 确定决策目标 决策目标既是决策的预期结果，又是拟定和选择方案的重要依据，因此，确定决策目标是决策的关键性工作。一旦决策目标失误，必将导致方案选错，造成不良后果。确定决策目标的常规做法为：

(1) 发现和诊断问题、设置目标。通过调查研究，发现问题，对问题的症结及产生的原因加以诊断。把某一事物的应有现象与实际现象加以对比，找到差异，进而分析其产生的原因、时间、地点，以便对问题的性质、特点、程度、范围、原因和后果等有一个较系统的认识，然后根据需要和可能，针对解决某个问题的要求，即预期结果，确定决策目标。

(2) 准确地表述目标。一是目标的概念要明确，目标应当是单一的，而不是含糊不清或多义的解释。二是目标要尽可能数量化。有些目标本身就具有量的规定性，如产量、产值、成本、利润等；有些目标则采用间接测定法使其数量化，如用适时作业率反映农机作业符合农时要求的程度等。三是目标实现的前提与期限。只有在规定的前提条件下和期限内达到目标规定的指标，才能说是实现了决策目标。

总而言之，应在定性质、定数量、定前提条件、定完成期限等方面准确规定决策目标，这是拟定、评价、执行、检查决策方案的前提。

2. 拟定多种备选方案 决策目标确定以后，要根据目标和所掌握的信息，提出各种可供选择的可行性方案。一般分为两步进行：第一步，初步设想，即提出设想及备选方案。决策人要有气魄，敢于大胆创新，并要发挥集体智慧，提出各种合理化建议，从不同角度和途径去设想目标方案，以供选择。第二步，精心设计。在初步设想的基础上，对方案的优劣进行论证，对方案的细节进行设计，对方案的实施效果进行预测。这时，决策人应以求实的态度全面地看问题，防止片面性。

为了做到决策合理，在拟定备选方案时，还要求具备两个条件：一是整体详尽，备选方案应包括所有的可行性方案。二是拟定的备选方案之间要相悖，只有这样，才能进行选择和必须进行选择。决策方案取决于决策人员、参谋人员的知识能力以及对信息的了解把握程度。而决策者所掌握的知识、信息是有限的，这就有必要充分征求决策层和智囊团的意见，调动大家的积极性和创造性，并征询专业技术人员的意见，集思广益，精心设计出多种可供选择的备选方案来。

3. 选择方案 选择方案就是按照一定的择优准则，从多种备选方案中选出一个最优方案。要通过分析、比较、评价，最终选择几个符合决策目标要求、比较满意的方案作为决策方案。选择最优方案主要要做好以下两方面的工作：

（1）明确评价方案的标准。最优方案应最能满足技术上的先进性、经济上的合理性、生产上的可行性这 3 个要求，最终还要看经济效益和社会效益的大小，以及能否实现决策目标。

（2）采用科学的择优方法。选择最优方案的方法大致有 3 类：一是经验判断法，即根据以往的经验和历史资料做出决断；二是数学分析法，即通过数据计算，进行比较分析，找出最优方案；三是试验法，即依据试验中取得的数据来做出决断。这些方法应按实际情况选用，或者结合起来运用。

4. 决策方案的实施和反馈 方案一经确定，就要付诸实施。在实施过程中，要拟定具体的实施计划并加强检查，以便进行控制，对出现的新情况、新问题要及时采取措施加以解决。如果决策失误，或实际情况发生重大变化，影响决策目标的实现，就需要对决策目标和方案进行适当修正，这一过程称为反馈。

四、农业企业经营决策的方法

决策的基本方法有5类：确定型决策、不确定型决策、风险型决策、多级决策、多目标决策。

1. 确定型决策 确定型决策是指在未来事件发生条件已知的情况下的决策。确定型决策的方法很多，通常采用直观法、盈亏平衡点分析法和线性规划法。

（1）直观法。直观法是根据决策者的实践经验和判断能力，从多方案中选出最佳方案。如对牲畜育肥方式进行决策，阶段育肥法成本低、周期长，而一贯育肥法成本高、周期短。若以成本最小为决策目标，应采用阶段育肥法；如以周期短、肉质嫩为决策目标，则应采用一贯育肥法。

（2）盈亏平衡点分析法。盈亏平衡点分析法是通过揭示产量、成本、价格、盈亏之间的数量关系，进行短期经营决策的一种方法。其做法是：首先将成本划分为固定成本和变动成本，然后根据产量、固定成本、变动成本、价格等因素之间的关系，列出总收入、总成本、单位成本的计算公式，作为决策分析工具。

（3）线性规划法。线性规划法是一种在具有确定目标，但实现目标的手段和资源又有一定限制，且目标和手段之间的函数关系是在线性的条件下，从所有可供选择的方案中求解出最优方案的数学方法。即在满足用线性不等式表示的约束条件下，使线性目标函数最优化（最大化或最小化）的一种数学方法。

2. 不确定型决策 不确定型决策是指在未来事物的条件发生概率不确定的情况下的决策。这种决策主要依赖于决策者的态度和判断能力，具有不确定性。其主要方法有：①小中取大法，也称悲观法；②大中取大法，也称乐观法；③大中取小法，也称后悔值法、机会均等法。

3. 风险型决策 风险型决策是指未来事件的条件虽不能肯定，但已知其发生概率的情况下的决策。这种决策的目标能否实现具有风险性。其方法是根据已知概率计算出各种方案的期望值，取其最大者为最佳方案。

4. 多级决策 多级决策是相对于确定型、不确定型和风险型等单级决策而言的。对于复杂的事物来说，其活动过程是由若干相互联系的阶段组成的，其中每一个阶段往往有若干个可供选择的方案，多级决策就是在未来事件发展的每一个阶段都要做出决策，并在此基础上选择最优方案。它适用于解决长期复杂的问题，通常运用决策树分析法、动态规划法。

（1）决策树分析法。决策树分析法是用树枝形态来表示方案、状态及其概率、损益和期望的一种决策技术。其具体做法是：按照决策级次画出决策点、方案节点、结果点，然后标明各种状态发生的概率和各种方案的损益，再按运行的逆方向计算出各点上的期望值。

（2）动态规划法。当决策的级数很多，难以用决策树来解决问题时，可采用此法。其基本原理是在多级决策系级中，按运行的逆方向逐段进行部分最优化，进而实现整个系统的最优化。

5. 多目标决策 解决较复杂的问题时，有时需要满足多项目标，必须采用多目标决策。这些目标有的互相矛盾，有的难以计量，给决策方案评价带来困难。这时，多目标决策采用的方法主要有：①抓主要目标，将各目标按重要性分类排队，如划分为“必须达到目标”和“希望达到目标”，以前者为主，兼顾后者；②归并类似目标，剔除从属目标，将必须达到的目标作为约束条件进行条件决策。

对于较复杂的决策问题，运用上述方法处理后，仍然会出现多目标，为便于评价各种方案，需要使多目标在同度量基础上数量化。此时通常采用综合评分法：首先，按照目标的重要性确定各个方案目标的权数；然后，依据满足目标的程度对各个方案进行评分；最后，用加权平均法计算出每个方案所得总分数，总分最高者为最优方案。

任务三　编制经营计划

一、经营计划的含义与特点

（一）经营计划的含义

经营计划是指企业为实现一定时期的经营目标，根据市场经济规律，应用一系列计划去组织、指导、监督和调节企业组织的活动，为企业及其各部门之间制定具体目标和实施规范。经营计划是企业经营决策的具体化，是企业进行经营活动的行动准则。

（二）经营计划特点

1. 目标性 每一个计划及其派生计划都是为了促使企业经营目标和各个分目标的实现。明确目标是制订和实施计划的首要任务，因为其后的所有工作都是围绕目标进行的。

2. 主导性 计划在管理诸项职能中处于主导地位，这是因为管理中的其他职能都是为了促进、保证目标的实现，只能在计划工作确定了目标之后才能进行。企业里厂长、经理只有在明确目标之后才能确定合适的组织结构，下达任务和权力，控制组织和个人的行为不偏离计划等。所有组织、领导、控制和协调职能都是根据计划而转移的，没有计划工作，其他工作就无从谈起。

3. 普遍性 计划涉及组织内各个层次、各个部门以至全体成员。组织内高层、中层和基层的任何管理活动都需要进行计划，组织内各层次管理人员都会不同程度地参与计划活动。就一个公司而言，最高层领导负责制订总公司的战略计划；市场销售部经理负责制订有关市场销售方面的计划；生产部门经理则制订降低生产成本和充分有效利用有限资源的生产计划。计划工作的特点和范围会因管理层次和职权大小的不同而不同，但每个管理者都必须从事计划工作是肯定无疑的。

4. 效益性 计划要讲经济效益，计划的经济效益可用计划的效率衡量。计划的效率是以实现企业的总目标和一定时期的目标所得到的利益，扣除为制订和执行计划所需要的费用和其他预计不到的后果之后的总额来测定的，可以用产出与投入之比来表示。如果一个计划能够达到目标，但它需要的代价太大，这个计划的效率就很低，当然不是一份好的计划。

二、农业企业经营计划的内容

农业企业经营计划包括长期经营计划、年度经营计划和阶段经营计划 3 种。它们相互联系、相互补充，构成了农业企业经营计划体系。

（一）长期经营计划

长期经营计划亦称长远规划，是从战略上、整体上确定农业企业发展的方向和主要措施，并展示可能达到的战略目标。长期经营计划必须依据市场需求、企业的自然资源和经济条件，合理确定企业在一个较长时期内的经营方针，充分发挥企业的优势，使企业发展的重大问题，如生产结构与布局、新产品的更新换代、人力资源开发利用、技术设备的更新改造等能够有计划、有步骤地进行。

长期经营计划的内容包括：

1. 企业的经营发展方向与经营规模 具体包括企业专业化方向、部门结构、生产布局、各产业的发展规模和速度，以及它们之间的比例关系等。

2. 实现战略目标的基本步骤 具体包括实施战略目标的阶段划分、分阶段发展的计划任务和主要指标。

3. 实现长期规划的基本措施 具体包括企业发展战略的突破口的选择、土地资源开发和利用、劳动力素质提高的规划、企业经营资金的筹措与使用、新技术的引进和应用等。

4. 测算主要经济指标 具体包括计划期内企业主要产品的增长率、总产量、总产值、净产值、劳动生产率、土地生产率、职工人均收入、企业集体福利等。

（二）年度经营计划

年度经营计划是指在计划年度内，为落实生产经营活动的具体指标而编制的计划，用于反映当年的生产发展速度、盈利水平等。它是长期经营计划的实施计划，其主要内容有：

1. 产品销售计划 具体包括产品品种、数量、销售方式、销售渠道、销售时间、销售费用和销售收入等。

2. 生产计划 它是按照不同生产项目来制订的，如农作物生产计划具体包括各种作物的播种面积、单位面积产量、总产量和商品量等，渔业生产计划具体包括水产养殖面积、水产品种类、产品量、总产值等。

3. 土地利用计划 土地利用计划反映计划年度内土地利用的变动情况以及各产业部门用地面积及其构成，具体包括土地合理改造与利用计划、农田基本建设计划、水土保持计划等。

4. 劳动工资计划 具体包括人员编制、劳动力投放结构、劳动力利用率和劳动生产率、职工培训计划、工资计划等。

5. 技术措施计划 它是完成生产计划的重要保证，包括计划年度内的技术改造，先进技术、工艺、材料的引进与利用，以及生产操作规程和原材料消耗量等计划。

6. 物资供应计划 物资供应计划主要包括各种原材料的需要量和采购量，以及各种辅助材料的供应期限和合理储备量等。

7. 财务成本计划 财务成本计划主要有财务收支计划、资金的筹集方式、流动资金计划、企业投资计划、成本计划等。

8. 收入分配计划 收入分配计划也称利润分配计划，它是以生产、销售和成本计划为依据进行编制的，其内容包括目标利润、利润增长额及增长幅度。

（三）阶段经营计划

阶段经营计划又称作业计划，是组织生产经营活动的具体实施计划，其主要内容有作业项目、作业期限、工作量、质量要求、操作规程、劳动力安排、物资和资金使用额度等。它把企业当年的各项生产（劳务）活动按季、月、旬、班次具体地分配到企业、班组和个人，从而保证年度计划的执行。

三、农业企业经营计划的编制

（一）经营计划编制的程序

编制计划的具体工作很多，按其工作过程主要分为3个步骤：

1. 编制经营计划的准备工作 编制经营计划的准备工作主要是搜集和分析资料，搜集和分析资料是编制经营计划的前提条件和可靠依据。资料可分为外部资料和内部资料。外部资料主要包括农业企业主管部门下达的指导性计划指标，市场调研与预测资料，订货合同、供销合同和协作合同，同行之间的有关经济技术指标。内部资料主要包括上期计划的预计完成情况，人、财、物等资源的保证程度，各类技术标准和技术条件，各种计划和定额执行情况。

2. 确定计划指标体系 企业经营计划是通过一系列指标来表示的。计划指标是用数字表示的在计划期内各种生产经营活动应该达到的技术经济目标和发展水平。由于每一种指标只能反映某一方面的技术经济现象，所以要反映企业的全部生产经营活动，就必须借助一系列相互联系、相互制约的指标，即计划指标体系。

读一读

计划指标的分类

计划指标按其性质可分为数量指标和质量指标；按其表现形式可分为实物指标和价值指标；按其作用可分为考核指标和计算指标。

数量指标是指企业经营活动各个方面在数量上应该达到的要求，通常用绝对数表示，如产量、产值、固定资产总额、流动资产总额等。

质量指标是指企业经营活动各个方面在质量上应该达到的要求，通常用相对数表示，如产品合格率、返修率等。

3. 核定企业生产能力 企业的生产能力是一定时期内企业在合理组织与一定的技术经济条件下，企业中直接参与生产的人力、物力、财力所能生产的一定种类和质量的产品数量。这主要是核定在计划期内，企业所能达到的生产能力。

（二）经营计划编制的方法

1. 综合平衡法 综合平衡法是企业为了达到既定的计划目标，将人力、物

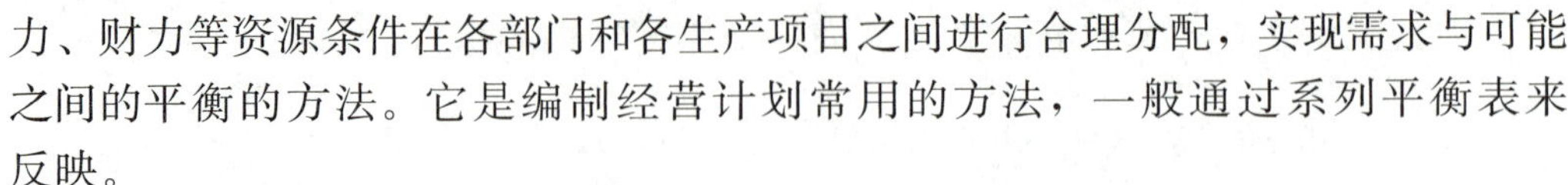

力、财力等资源条件在各部门和各生产项目之间进行合理分配，实现需求与可能之间的平衡的方法。它是编制经营计划常用的方法，一般通过系列平衡表来反映。

农业企业综合平衡的内容主要有：

（1）销售量（需要量）与生产量（供应量）之间的平衡。根据以销定产的原则，满足社会对产品品种、质量、数量、交货期等方面的需求。

（2）企业内各部门之间的平衡。主要指农业企业内部供、产、销等部门之间的平衡，通过平衡使各部门及各环节之间的规模、布局和速度比例合理。

（3）生产任务与生产能力之间的平衡。主要指农业企业的生产任务与综合生产能力（包括基本生产能力和辅助生产能力）之间的平衡。综合生产能力是由许多生产要素组成的系统整体生产能力，因此，其包括生产任务与劳力、生产资料、生产对象、资金等的平衡。

读一读

平衡表的种类

（1）产品生产与分配平衡表。用实物量来反映企业生产的产品量和社会需要之间的平衡关系。

（2）物资平衡表。用实物量来反映产品生产与物质供给之间的平衡关系。

（3）资金平衡表。用货币形态来反映资金的来源和占用之间的平衡关系。

（4）劳动力平衡表。反映劳动资源与劳动利用之间的平衡关系。

2. 滚动计划法 滚动计划法是保证计划在执行过程中能够根据情况变化适时修正和调整的一种现代计划方法。采用滚动计划法修订长期计划时，可根据每年计划实际执行情况，针对客观条件的变化调整一次，将计划向前推进一年，这样年复一年不断修订，不断滚动和延伸，将近期计划同长期计划很好地结合起来，使企业的长期计划由静态变为动态。滚动计划如图 2-1 所示。

滚动计划的特点为：

（1）计划分为若干个执行期，其中近期行动计划编制得详细具体，远期计划则相对粗略。

（2）计划执行到一定时期，就可根据执行情况和环境变化适时调整以后的计划内容。

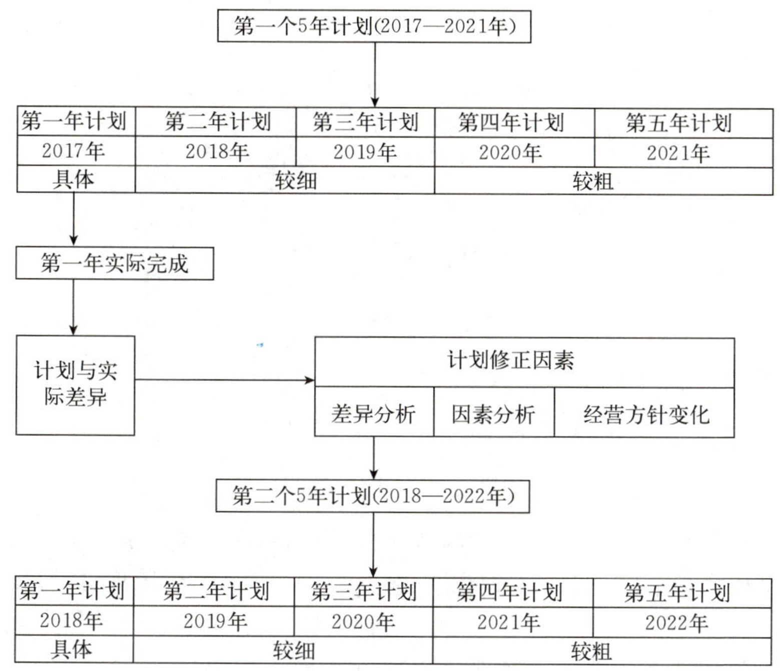

图 2-1　滚动计划法

（3）滚动计划决定了企业经营计划的动态特征，较好地避免了计划的僵化性，提高了计划的适应性。

四、经营计划的执行与实施

（一）计划的执行与检查

编制计划只是计划管理的开始，而不是终结。计划管理贵在计划的执行落实，组织计划的实施及实现各项计划目标是农业企业计划管理的决定性环节。

1. 计划指标的展开与分解　计划目标的展开是把计划总目标从上到下层层分解为许多具体目标，落实到每个部门、单位和个人。

目标分解是把计划目标分解落实到有关部门、单位、个人，把各分目标与总目标紧密结合起来，形成目标连锁体系，每个人、每个单位、每个部门的目标完成了，企业总目标也就实现了。目标连锁体系如图 2-2 所示。

2. 计划指标的落实　计划指标只进行分解还是不够的，必须通过一定的制度及手段加以落实，才能确保计划的实现。

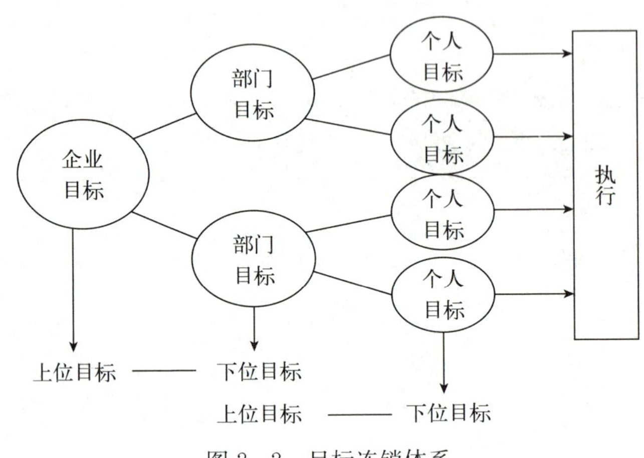

图 2-2 目标连锁体系

(1) 目标管理法。运用目标管理法，把不同时段、部门及个人应该承担的指标作为管理和考核的依据，以确保计划的实现，充分发挥职工的主动性和创造性。

(2) 经济责任制。建立各种经济责任制，把计划指标与职工的权、责、利结合起来，实行包、保、核一体化，责、权、利相统一的责任制度，保证计划目标的实行。

(3) 签订各种经济合同。经济合同是正确处理企业内部和外部经济关系的主要手段和措施，通过签订物资供销合同、产品销售合同、信贷合同等，有利于增强企业经营的稳定性和计划实行的可能性。

(二) 计划的实施和控制

1. 计划的实施与考评 计划的组织实施是实现目标的关键，为保证计划的顺利实施，企业应建立全面计划管理领导小组，专门负责计划实施的组织、协调、指挥和检查，进行年、季、月、旬及日常的指挥、检查、评价、总结活动。为了方便对计划的实施进行检查和监督，应由部门、班组绘制目标完成进度表，及时张榜公布，让每个单位和职工都能及时掌握自己的工作进度，找到自身存在的差距。

2. 计划的控制与调整 计划控制是根据计划目标对执行过程的监督，对执行偏差及时采取措施或调整，修正计划的活动。计划控制有事前控制和事后控制，但以事前控制为主。农业企业经营计划控制的内容主要包括成本控制、质量控制、生产控制。

模块小结

本模块主要介绍了选择经营战略、制定经营目标、编制经营计划等内容，通过本模块的学习，要求学员学会使用农业企业经营战略，掌握企业经营计划编制的内容及方法。

思考题

1. 农业企业经营战略的含义及构成要素有哪些?
2. 农业企业经营战略的类型有哪些?
3. 什么是农业企业经营目标? 其制定原则有哪些?
4. 说明企业进行经营计划的工作程序。

项目训练

选择一个农业企业，对企业展开分析，帮助企业制订经营战略和经营计划，并对计划进行编制。

模块三 农业企业要素管理

学习目的

通过本模块的学习，了解农业企业要素的构成，理解并掌握人力、土地、技术、资金等资源要素管理内容。

主要内容

农业企业要素是指直接或间接为农业企业经营活动服务的生产力要素，是农业企业从事生产经营活动的基本条件。本模块将分别介绍人力资源、土地资源、技术资源及资金等几个主要要素。

【案例导入】

张浦镇的千亩梨园

陆建林，1972 年出生于张浦镇三家村，当过工人，开过网吧，做过医疗保健产品代理商，还开过水处理公司。2009 年，陆建林成了千亩梨园的首批梨农。经过多年努力，他已成为当地首屈一指的梨农。

5 月的千亩梨园满目苍翠，一个个小梨果可爱青翠，缀满枝头。田垄间，梨园的主人陆建林正手持遥控器，指挥着遥控自动植保机喷洒药剂。“翻耕、开沟、除草、喷药，这些工作我都是亲力亲为，因为有了农机的帮忙，省心省力，自己都能搞定。”陆建林说。

陆建林是土生土长的张浦人。“2009 年张浦镇开始千亩梨园的一期规划，成立了张浦镇商秧梨业专业合作社，鼓励本镇村民自愿入股、入社。当时我就心动了，承包了 20 亩土地，想试着当个梨农，这一转行就干到了现在。”陆建林说。

善于思考和实践的陆建林风风火火地开始了他的考察之旅。上海、浙江、山东莱阳、河南郑州等地的梨业研究所及基地他都跑了个遍，认真学习梨树种植经验。2010 年，他又大着胆子追加了 100 亩种植面积。面积扩大了，得有干活的人才行，头脑灵活的陆建林打起了新型农机的主意。陆建林说，近几年，他共投入了 30 多万元购进田园管理机、遥控自动植保机、履带式装载机等多种农机设备，田间管理效率提升了不少。"比如遥控自动植保机有 10 个喷头，装上药水后，我只要拿着遥控器操作，它就会自动干活了。现在我的梨园一共有 60 亩，有它帮忙两天活儿就干完了，如果人工操作的话，至少要五六天。"陆建林说。

随着种植经验的积累，陆建林也总结出了自己的一套方法。品种要更新，种植区域要集中，种植方式上要宽行密植，有助于提高产量……陆建林的梨园出产的鲜梨果型大、甜度高、水分多，市场销售也特别好，遇到有上门咨询请教的同行，他都热情相迎，毫无保留地介绍、指导。"千亩梨园就是一个'大家庭'，希望广大梨农一起潜心经营，把千亩梨园商秧梨的品牌打响，让满树的鲜梨成为我们果农的致富果。"陆建林说。

（资料来源：纪绍勤，文承辉．新型职业农民典型风采 [M]．北京：中国农业出版社，2016.）

想一想？

1. 为何张浦镇的千亩梨园能经营成功？
2. 要经营好张浦镇这样的梨园须把握好哪些基本要素？如何对这些基本要素进行管理？
3. 如何核算人力成本、技术成本与收益？

任务一　农业企业人力资源管理

一、人力资源管理

企业人力资源管理是实现组织目标的一种有效手段。人力资源管理包括以下内容：

1. 制订人力资源计划　根据组织发展战略和经营计划，评估组织的人力资源现状及发展趋势，收集和分析人力资源供给与需求方面的信息和资料，预测人力资源供给和需求的发展趋势，制订人力资源招聘、调配、培训、开发及发展计划等政策和措施。

2. 岗位分析和工作设计 对组织中的各个工作和岗位进行分析，确定每一个工作和岗位对员工的具体要求，包括技术及种类、范围和熟悉程度，学习、工作与生活经验，身体健康状况，工作责任、权利与义务等方面的情况。

3. 人力资源的招聘与选拔 根据组织内的岗位需要及工作岗位职责，利用各种方法和手段，如接受推荐、刊登广告、举办人才交流会等从组织内部或外部吸引应聘人员，经过资格审查，从应聘人员中初选出一定数量的候选人，再经过严格的考试，确定最后的录用人选。

4. 入职教育、培训和发展 任何应聘进入一个组织（主要指企业）的新员工都必须接受入职教育，这是帮助新员工了解和适应组织、接受组织文化的有效手段。为了提高广大员工的工作能力和技能，有必要开展富有针对性的岗位技能培训。对于管理人员，尤其是对即将晋升者有必要开展提高性的培训和教育，目的是促使他们尽快具有在更高一级职位上工作的全面知识、熟练技能、管理技巧和应变能力。

5. 工作绩效考核 工作绩效考核是对照工作岗位职责说明书和工作任务，对员工的业务能力、工作表现及工作态度等进行评价，并给予量化处理的过程。这种评价可以是自我总结式，也可以是他评式的，或者是综合评价。

6. 员工的职业生涯发展 人力资源管理部门和管理人员有责任鼓励和关心员工的个人发展，帮助其制订个人发展计划，并及时进行监督和考察。这样做有利于促进组织的发展，使员工有归属感，进而激发其工作积极性和创造性，提高组织效益。

7. 员工工资报酬与福利保障设计 合理、科学的工资报酬及福利体系关系到组织中员工队伍的稳定性。工资报酬应随着员工的工作职务、工作岗位、工作表现与工作成绩进行相应的调整，不能只升不降。员工福利是社会和组织保障的一部分，是工资报酬的补充或延续，主要包括政府规定的退休金或养老保险、医疗保险、失业保险、工伤保险、节假日，以及为了保障员工的工作安全卫生，提供必要的安全培训教育、良好的劳动工作条件等。

二、薪酬管理

（一）薪酬管理的内容

薪酬管理是在组织发展战略指导下，对员工薪酬支付原则、薪酬策略、薪酬水平、薪酬结构、薪酬构成进行确定、分配和调整的动态管理过程。

薪酬管理要为实现薪酬管理目标服务，薪酬管理目标是基于人力资源战略设立的，而人力资源战略服从企业发展战略。

薪酬管理包括薪酬体系设计、薪酬日常管理两个方面。

薪酬体系设计主要是薪酬水平设计、薪酬结构设计和薪酬构成设计；薪酬日常管理是由薪酬预算、薪酬支付、薪酬调整组成的循环，这个循环可以称为薪酬成本管理循环。

薪酬体系建立起来后，应密切关注薪酬日常管理中存在的问题，及时调整公司薪酬策略、薪酬水平、薪酬结构以及薪酬构成，以实现效率、公平、合法的薪酬目标，从而保证公司发展战略的实现。

（二）薪酬设计

制定完善、高效的薪酬体系是企业人力资源管理过程中的一项重要工作。一般来说，薪酬系统的制定包括制定薪酬策略、工作分析、薪酬调查、薪酬结构设计、薪酬分级和定薪以及薪酬制度的控制与管理 6 个基本步骤（图 3－1）：

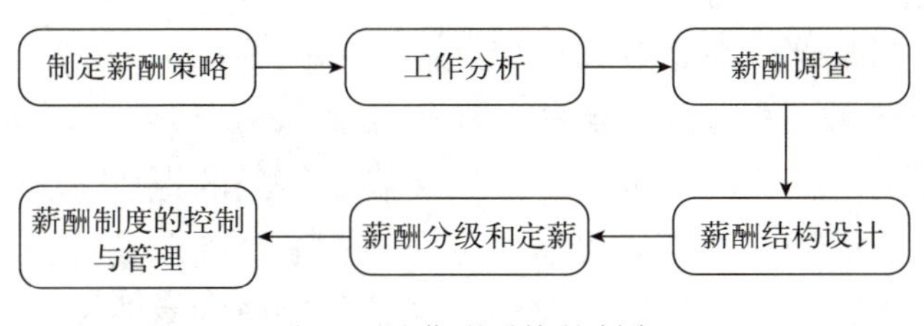

图 3－1　薪酬系统的制定

（三）薪酬管理的形式

1. 技术等级薪酬制　技术等级薪酬制是按照员工所达到的技术等级标准确定薪酬等级，并按照确定的等级薪酬标准计付劳动报酬的一种制度。这种薪酬制度适用于技术复杂程度比较高、员工劳动差别较大、分工较粗以及工作物不固定的工种。其特点是主要以劳动质量来区分劳动差别，进而依此规定薪酬差别。技术等级薪酬制一般由薪酬等级表、技术等级标准和薪酬标准 3 个方面的内容组成。

2. 职务等级薪酬制　职务等级薪酬制是政府机关、企事业单位的行政人员和技术人员所实行的按职务等级规定薪酬的制度。这种制度是根据各种职务的重要性、性质、责任大小、技术复杂程度、工作环境等因素，按照职务高低规定统一的薪酬标准，只对事不对人。

3. 结构薪酬制 结构薪酬制又称分解薪酬制、组合薪酬制或多元化薪酬制，它根据劳动的多种形式和薪酬的多种职能，将薪酬分解为若干个既相互联系又相互独立的部分，通过对各部分薪酬数额的合理确定，构成员工的全部报酬。

结构薪酬由以下4个部分构成：

（1）基础薪酬。其功能是维持员工的基本生活需要和保证劳动力的简单再生产。

（2）岗位（职务）薪酬。岗位薪酬是按照各个不同职务（岗位）的业务技术要求、劳动条件、责任等因素确定的薪酬，即担任什么职务确定什么薪酬标准。工作变动，职务薪酬也随着变动，一般以“一职一薪”为宜。

（3）工龄薪酬。工龄薪酬以员工工龄为主，结合考勤和工作业绩来确定。它是对员工工作经验和劳动贡献的积累所给予的补偿，是随着工龄而逐年增加的薪酬。

（4）浮动薪酬（奖励薪酬或效益薪酬）。浮动薪酬是根据企业经营效益的好坏、个人业绩的优劣来确定的薪酬。

4. 提成薪酬制 提成薪酬制是企业实际销售收入减去成本开支和应缴纳的各种税费以后，剩余部分在企业和员工之间按不同的比例分成，有创值提成、除本分成、保本开支、见利分成等形式。实行此制度的三要素是：①确定适当的提成指标，主要是确定提成的基本任务量。②确定适当的提成方式，主要有全额提成和超额提成两种形式。全额提成即员工全部薪酬都随营业额浮动，而不再有基本薪酬；超额提成即保留基本薪酬并相应规定需完成的营业额，超额完成的部分再按一定的比例提取薪酬。从实行提成薪酬的层次上划分，有个人提成和集体提成。③确定合理的提成比例，有固定提成比例和分档累进或累退的提成率两种比例方式。

5. 保密薪酬制 保密薪酬制是一种灵活反映企业经营状况和劳务市场供求状况，并对员工的薪酬收入实行保密的一种薪酬制度。其主要内容包括：①员工的薪酬额由企业与员工当面协商确定，其薪酬额的高低取决于劳务市场的供求状况和企业的经营状况。②当某一工种或人员紧缺，或企业的经营状况较好时，薪酬额就上升，反之则下降。③对于生产需要的专业技术水平高的员工，企业愿意支付较高的报酬，如果企业不需要该等级的专业技术员工，就可能对其降级使用或支付较低的报酬。如果员工对所得薪酬不满，可以与企业协商调整，经双方同意，可以履行新的薪酬额。④员工可以因薪酬额不符合本人要求而另谋职业，企业也可以因无法满足员工的愿望而另行录用其他员工。⑤企业和员工都必须对薪酬收入严格保密，不得向他人泄露。

三、绩效考评

（一）考评程序

1. 确定考核周期 依据企业经营管理的实际情况，确定合适的考核周期。工作考核一般以月度为考核周期，每个周期可进行一次重点的工作业绩考核。

2. 确定考核内容和考核者 由于企业中每个人的工作性质不同，工作岗位不同，对其能力要求也应该是不同的。因此，在进行绩效考核时，必须针对每个人的不同情况，确定其考核内容和考核人选，做到一一对应。

3. 实施考评 绩效考评的具体步骤为：①人力资源制定绩效考评办法；②员工以本人业绩与行为事实为依据，自行评分；③直接主管部门以员工的业绩与事实为依据，对员工进行评分；④业务部门或职能部门进行综合考核评分，总评核对后直接主管部门将考核结果告知员工；⑤直接主管与员工面谈并提出改进意见；⑥季度或半年考核，业务部门或职能部门仅仅向人力资源部递交绩效考评分汇总表，考核表存于各业务部门或职能部门；⑦员工的年终考核分数汇总表交人力资源部存档，人力资源部对考核结果进行分析，报主管总经理签核，然后反馈给员工。

（二）考评方式

常用的考评方式有自我考评、他人考评、考试考评 3 种。自我考评是被考评人本人根据人事部门的考评要求和标准，定期对自己的工作情况进行评价。他人考评是第三者对被考评人的评价，包括上级考评、同事考评、顾客考评和下属考评 4 种方式。考试考评是人事部门以笔试和面试的形式，对被考评者的知识、理论水平进行全面的测试评定。

（三）建立有效的激励机制

（1）对其实行“目标式”管理，注重职业生涯设计，激励其自我发展提高。

（2）建立健全人才培养机制，采取多种形式，创造更多的机会和条件让他们参加新知识、新技术培训，确保人才价值增值。

（3）实现各种激励手段的整合，既要有物质激励，如工资、奖金、股权、福利等，又要有精神激励，如荣誉、提拔升迁等。

任务二　农业企业土地资源管理

一、土地资源管理概述

1. 含义　土地资源管理是指国家为了维护土地所有制，调整土地关系，保护和开发土地资源，合理利用土地而采取的行政的、经济的、法律的和工程技术的综合性手段及措施。农业企业实施土地资源管理的目的在于提高土地资源的利用效率和生产率。

2. 土地资源管理的原则

（1）坚持公有性质的原则。我国土地所有制是国家所有制和集体所有制两种形式并存。随着我国农村经济改革的深入，土地规模化、专业化经营初步形成，农业企业在贯彻执行国家土地政策和法令的基础上，充分发挥土地公有制的优越性，依照法律规定实行土地征收，对被征地单位进行适当补偿。

（2）坚持节约利用的原则。我国人多地少，耕地面积有限，人地矛盾突出，要坚决贯彻集约节约用地的原则。农业企业须严格遵照国家规定的审批权限和程序履行征地审批手续，严格控制用地面积，制订土地使用方案，杜绝浪费现象。

（3）坚持合理开发的原则。农业企业在使用土地的过程中，严禁盲目毁林开荒、围湖造田等短期行为，应将保护土地和开发与利用土地有机结合起来，鼓励土地利用者积极改造土地，加强对土地的经营管理，避免掠夺式经营，防止土地资源退化，做到生态、经济、社会多方效益的统一，提高土地生产力。

（4）重视权属管理的原则。应依法、科学、统一、全面管理土地，按照《中华人民共和国土地管理法》的规定，正确行使土地承包权和使用权，明确权属关系，稳定土地经营，尊重和维护农业企业的利益及对土地经营的要求。

二、农业用地

（一）含义

农业用地是直接或间接为农业生产所利用的土地，又称农用地，包括耕地、园地、林地、牧草地、养捕水面、农田水利设施用地，以及田间道路和其他一切农业生产性建筑物占用的土地等。

（二）管理方式

生产设施用地和附属设施用地直接用于或者服务于农业生产，其性质不同于非农业建设项目用地，依据《土地利用现状分类》，按农用地管理。兴建农业设施的，经营者应拟定设施建设方案，并与当地农村集体经济组织签订用地协议。涉及土地承包经营权流转的，应先行依法签订土地流转合同。兴建农业设施占用农用地的，不需办理农用地转用审批手续，其中，生产设施占用耕地的，生产结束后由经营者负责复耕，不计入耕地减少考核；附属设施占用耕地的，由经营者按照“占一补一”的要求负责补充占用的耕地。

（三）用地规模

各省（区、市）农业部门会同国土资源部门，根据农业有关标准、本地区设施农业发展类型和特点，本着从严控制附属设施用地规模、减少对耕地占用与破坏的原则，对设施建设标准做出指导性规定，科学制定各类生产设施和附属设施用地标准。

进行工厂化作物栽培的附属设施用地规模原则上控制在项目用地规模的5%以内，但最多不超过10亩；进行规模化种植的附属设施用地规模原则上控制在项目用地规模的3%以内，但最多不超过20亩；规模化畜禽养殖的附属设施用地规模原则上控制在项目用地规模的7%以内（其中，规模化养牛、养羊的附属设施用地规模比例控制在10%以内），但最多不超过15亩；水产养殖的附属设施用地规模原则上控制在项目用地规模的7%以内，但最多不超过10亩。附属设施用地规模应严格控制，省级国土资源和农业部门可结合本地实际情况，制定不高于上述规定限额的具体标准。

三、农业企业土地资源管理

农业企业土地资源管理的主要内容包括土地权属管理、土地利用管理和土地经济管理3项工作。其中，土地经济管理是基础，权属管理和利用管理是主体，三者相辅相成、缺一不可。

（一）土地权属管理

土地权属管理是国家保护土地所有者和使用者合法权益及调整土地所有权和使用权关系的一种管理，其中包括国家对土地所有权和使用权的必要限制。

1. “三权分离” 2014年11月，国家出台《关于引导农村土地经营权有序流转发展农业适度规模经营的意见》，明确提出了坚持农村土地集体所有，实现所有权、承包权、经营权“三权分离”的土地政策。

“三权分离”，首先要维护好农村土地集体所有权，积极探索新的集体经营方式，行使好农村集体在土地流转和承包经营上的管理监督权，发挥好集体为农民流转土地服务的组织功能作用；其次要保障好农户的土地承包经营权，承包权主要体现在承包主体通过让渡经营权而获得财产收益，在土地被征用和退出后获得财产补偿，以及未来对承包土地的继承权等；最后要放活土地经营权，赋予农地抵押权和担保权两项功能，实现融资贷款，获得发展资金。

2. 土地确权 确权登记颁证是依据《中华人民共和国物权法》《中华人民共和国农村土地承包法》及《中华人民共和国农村土地承包经营权证管理办法》等法律法规，将家庭承包以内及以外的经营土地的地块、面积、空间位置等信息及其变动情况记载于登记簿，经县（区、市）农村土地承包管理部门审核，由县级（或以上）地方人民政府颁发土地承包经营权证书予以确定土地承包的权益。

（二）土地利用管理

土地使用制度是人们在一定的土地所有制下使用土地的形式、条件和程序的规定，表明人们怎样对土地加以利用和取得收益，谁享有土地使用权及其责、权、利，严守18亿亩耕地红线。

1. 土地数量管理 在农业企业中，土地按其经济用途可分为农业用地、工矿用地、建筑用地、交通用地以及河流、滩涂等水域。农业企业对土地数量、质量、权属状况及其变动所进行的系统记载有两种形式：

（1）土地档案。土地档案指农业企业在对其所拥有土地进行全面清查、测量的基础上，对土地及土地利用情况进行分类，逐块登记归档。土地档案主要记载土地状况、作物情况、土地改良措施等。

（2）土地台账。土地台账是系统整理和积累土地资料及其变动的账簿。建立土地台账是把土地登记和土地档案中间断和零散的资料系统化、条理化，形成完整的统计资料，为土地资源的利用与管理提供可靠的依据。一般可设立土地面积台账、耕地面积台账和耕地利用台账等。

2. 土地质量管理

土地质量是自然特性与经济特性的综合，它既取决于各种自然因素，又涉及人类活动的相关因素，而且土地质量会随着自然和人为因素的变动而不断变化。

因此，实施土地质量管理非常必要，其主要评价指标有单位土地面积总产值、单位土地面积总收入、单位土地面积产投比和土地级差收入等。

读一读

农业企业对土地的利用已经从粗放经营向集约经营转变，这样可以提高土地生产率，提高农业生产抵抗自然灾害的能力。其类型有以下3种：

第一种为劳动集约型，即在单位面积的土地上投入更多的活劳动，从而获得较高产量和收入的集约经营形式，如精耕细作、精细管理、修造梯田，修筑田间道路等。

第二种为技术集约型，是通过采用较多的先进技术，在单位面积土地上获得较高产量和收入的集约经营形式，如杂交水稻制种技术的研制、科学灌溉和施肥、优化土地经营中的生产要素组合等。

第三种为资金集约型，即通过在单位面积土地上投入更多的资金，使用更多的动力、化肥、农药等物化劳动来提高土地生产率的集约经营方式。一般采用此种经营方式的企业有较雄厚的资金和物质基础。

（三）土地经济管理

土地经济管理是指利用经济杠杆调控和协调各土地所有者与使用者之间的土地经济关系，其主要指标有土地数量、质量等，涉及土地承包费、补偿费等内容。

1. 土地承包方式 农村土地承包采取农村集体经济组织内部的家庭承包方式，不宜采取家庭承包方式的荒山、荒沟、荒丘、荒滩等农村土地，可以采取招标、拍卖、公开协商等方式承包。

2. 土地承包的程序及期限 《中华人民共和国农村土地承包法》根据我国农村土地家庭承包的实际情况对不同用途的土地的承包期及其上限做出规定：耕地的承包期为30年，草地的承包期为30～50年，林地的承包期为30～70年，特殊林木的林地承包期经国务院林业行政主管部门批准可以延长。

土地承包程序具体可按照以下步骤具体实施：①召开本集体经济组织成员村民会议，选举产生承包工作小组；②承包工作小组依照法律、法规规定拟订并公布承包方案；③依法召开本集体经济组织成员村民会议，讨论通过承包方案；④公开组织实施承包方案；⑤签订承包合同。

3. 承包合同的签订 发包方应当与承包方签订书面承包合同，土地承包合同自成立之日起生效，承包方自承包合同生效时取得土地承包经营权，发放土地承包经营权证，其承包经营权受法律保护。土地承包合同一般包括以下条款：①发包方、承包方的名称，发包方负责人和承包方代表的姓名、住所；②承包土地的名称、坐落、面积、质量等级；③承包期限和起止日期；④承包土地的用途；⑤发包方和承包方的权利和义务；⑥违约责任。

4. 土地承包经营权的流转 通过家庭承包取得的土地承包经营权可以依法采取转包、出租、互换、转让或者其他方式流转，当事人双方应当签订流转书面合同，依法有权获得相应的补偿。采取转让方式流转的，应当经发包方同意；采取转包、出租、互换或者其他方式流转的，应当报发包方备案。土地承包经营权流转合同一般包括以下条款：①双方当事人的姓名、住所；②流转土地的名称、坐落、面积、质量等级；③流转的期限和起止日期；④流转土地的用途；⑤双方当事人的权利和义务；⑥流转价款及支付方式；⑦违约责任。

5. 土地流转经营权的变更 承包期内，承包方采取转包、出租、入股方式流转土地承包经营权的，不须办理农村土地承包经营权证变更；采取转让、互换方式流转土地承包经营权的，当事人可以要求办理农村土地承包经营权证变更登记；因转让、互换以外的其他方式导致农村土地承包经营权分立、合并的，应当办理农村土地承包经营权证变更。办理农村土地承包经营权变更申请应提交以下材料：①变更的书面请求；②已变更的农村土地承包合同或其他证明材料；③农村土地承包经营权证原件。

【案例】

深谋远虑创新发展专业合作社

南通天泰粮食种植专业合作社于2009年4月成立并经工商部门注册登记，是依托乡镇农资销售、农机服务部门组建起来的，现有成员1 184户，其中农民成员1 176户，入社耕地总面积3 500亩。合作社有自己的农机服务队，在做好自身成员服务外，还为周边农户提供社会化服务，覆盖石港、四安、刘桥、西亭、骑岸、如东等乡镇，受益农户达到3 800多户。

合作社以农民家庭经营为基础，在坚持农民承包权不变的前提下，本着流转自愿、价格协商、发包方鉴证、限于成员内部和连片流转为主的原则，到2013年年底，已从523个成员手中流转土地1 623.46亩，交由合作社经营层成员联合承包经营，每亩租金为1 050元或300千克大米，产生的收益也由经营层成员所得。成员土地流转后，种植经营权归承包经营者，但该成员有优先打工权，打工工资为每人每天70～80元，这部分流出土地的成员不参与合作社盈余返还。对自己耕种、经营土地的成员，合作社对其提供产前、产中、产后全托管式的服务，服务内容包括种子、化肥、农药供应，育、供、插秧，病虫专业化统防统治，机械收割，粮食烘干，粮食收购加工销售等，并与成员订立服务合同。合作社的成立及发展推进了农业社会化服务，帮助解决了农村“有田无人种，有田无劳种”的现象，促进了农村劳动力转移，使农民承包地由零碎分散向规模化、集约化发展，提高了农业规模化、集约化、商品和现代化水平。

（资料来源：佚名．南通天泰粮食种植专业合作社．http：//sushang. jschina. com. cn/zljscxpp/201705/t20170504_4040571. shtml，2017-05-04.）

【启示】

在专业合作社成员中开展全程托管式服务，为当前农村中不愿意轻易将土地承包权转让出去的农户种好田、提高劳动生产率和土地产出率找到了出路，解决了合作社中无劳力、无技术、无销售路径成员的后顾之忧，确保了粮食的产量和质量，增加了收入。

任务三　农业企业技术资源管理

一、农业企业技术资源管理概述

现代农业企业生产力的发展主要靠科学技术的进步及应用，主要表现为农业企业掌握技术资源的多少，以及掌握生产资料所体现的科学技术水平的高低。

1. 技术资源　对农业企业而言，技术资源是指企业在一定时期内所掌握或拥有的劳动手段、工艺方法、劳动技能、生产经验等技术的数量和质量的总和。科学技术作为强大的知识手段和实践手段的结合，成为人们了解自然、利用自然、改造自然的巨大物质力量，是社会生产力的重要组成部分。

2. 技术管理　农业企业技术管理是指农业企业在生产经营过程中，对生产技术活动进行计划、组织和控制等活动的过程。其目的是按照科学技术工作的规律性，建立科学的工作程序，有计划地合理利用企业的技术力量和资源，把最新的科技成果尽快转化为现实的生产力，推动农业企业技术进步和经济效益的实现。

3. 现代农业高新技术 从范围上讲，现代农业高新技术包括农业生物技术、设施农业技术、信息技术等在农业中的运用与移植、常规技术的组装配套等。其重点领域包括新物种塑造、新繁殖技术应用、新农业工厂构建、新人造食物与饲料生产、新能源开发和新空间领域拓展等内容。

二、农业企业技术资源管理的方法及内容

1. 农业企业技术资源管理的方法 技术管理是企业成功和可持续发展的关键，而农业企业实施技术资源管理的核心在于建立企业技术管理系统。企业技术管理系统是根据技术管理的基本理论，以促进企业技术进步为目的，对企业的技术开发、产品开发、技术改造、技术合作和技术转让等工作进行分析和评价，提出改善方案并指导实施的一种智力服务活动。通过建立技术管理系统，能够对技术管理的成效进行评价，帮助企业分析技术管理不善的原因，制定改进措施，提高企业技术管理水平，促进企业进步，增强企业的竞争能力。

2. 农业企业技术资源管理的内容 现代农业企业技术资源管理主要包括技术研究管理和技术工作管理两大类，其管理内容体现在技术开发、技术改造、技术引进、技术推广及技术创新等方面。

三、农业技术开发

（一）农业技术开发的含义

农业技术开发是指在运用农业基础研究和应用研究成果的基础上，在农业生产活动中进行的改进老产品、开发新产品、完善老工艺和发展新工艺的创新活动。

（二）农业技术开发的方式

农业技术开发的方式一般有以下 4 种：

1. 独立研究开发方式 独立研究开发方式是指农业企业根据现有产品在市场上的销售状况及消费者的需求，依靠企业自身的技术力量，独立完成技术开发项目，研制新产品。这种开发方式要求企业具备较强的科研能力和技术力量，主要是开发换代新产品和全新产品。采用这种方式，农业企业可获取技术开发成果的全部收益，同时也要承担技术开发投资的全部风险。

2. 技术引进方式 技术引进方式是指农业企业急需开发某种产品，但本身

的技术力量和技术资料缺乏或完全没有，部分或全部依靠向国外或外地同类农业企业引进技术和装备来开发新产品。这种方式风险小、见效快，但企业要付出一定代价，主要适用于开发能力弱而经济实力较强的企业。

3. 共同研究开发方式 共同研究开发方式是指农业企业在自力更生的方针指导下，与其他企业或研究机构共同或合作进行技术开发。采用这种方式的企业一般是自身具备一定的技术力量，而不能单独完成技术开发项目，需要借助合作者比较成熟的新技术，共同实现技术开发目标。合作开发的方式有很多，如合作经营、合作开发等，这种方式有利于建立长期交易关系、共同承担风险等。

4. 委托研究开发方式 委托研究开发方式是指借助农业企业外部（本国或外国的）技术力量进行技术开发。委托企业提供技术开发费用，借助外部的科研资源取得技术开发成果，被委托者则可以借此弥补自身技术开发资金的不足，从而提高自身的技术开发能力。

农业企业技术开发的基本要求是技术上的先进性、生产上的适用性、经济上的合理性，即在保证技术先进的前提下，尽可能多地开发适用技术，为企业创造更好的经济效益。

读一读

技术引进又称技术输入或技术转让，是指在国际间的技术转移活动中，引进技术的一方通过贸易、合同、交流等途径，以各种不同的合作形式，引进外国的技术知识、管理知识、管理经验以及先进设备的活动。正确地选择引进方式是企业技术引进管理工作的重要环节。

断喙是蛋鸡行业普遍采取的标准做法，以减少啄癖给蛋鸡带来的伤害，并能防止浪费饲料。传统的断喙方式对操作人员的技巧和稳定性要求较高，由美国 Nova-Tech 公司研发的一种高效、精确和完全自动化的红外断喙技术在断喙处理的同时可进行颈部皮下疫苗注射，极大减少了人为操作失误的风险。但是该设备只租不售，在使用成本高的同时，又不能实施技术引进，当务之急在于解决我国该项技术研发的新突破。

四、农业技术改造

农业企业的技术改造对于企业的生存和发展，增强企业扩大再生产的能

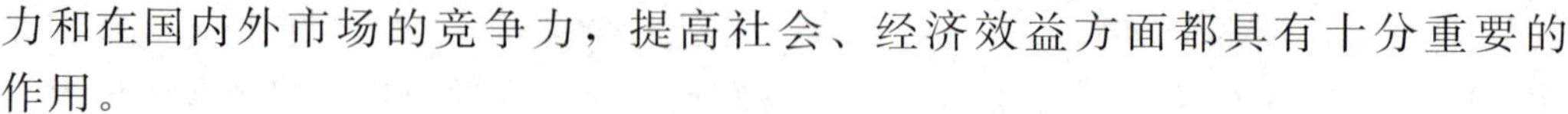

力和在国内外市场的竞争力，提高社会、经济效益方面都具有十分重要的作用。

（一）农业技术改造的含义

农业技术改造就是用现代新技术武装农业，把农业的各个方面从落后的生产技术转到现代化生产技术中来，加速实现农业现代化建设。

（二）农业技术改造的内容

技术改造不同于新建项目，它主要是通过补偿基金，对农业企业原有的生产技术条件、生产设施和产品品种进行更新及改造，从而实现以内涵为主的扩大再生产。其具体内容有：

1. 农业信息化技术改造 信息技术在农业领域广泛应用，信息化渗透到农业生产、加工、流通、科研教育、技术推广、消费等各个方面，使工作外延扩大、内涵更加丰富，与农业各产业结合更加紧密，工作交织推进。农业信息化技术改造是充分运用信息技术的最新成果，全面实现农业生产、管理、农产品营销，以及农业科技信息和知识的获取、处理、传播和合理利用，加速传统农业改造，大幅度提高农业生产效率及管理和经营决策水平，促进农业持续、稳定、高效发展的过程。

2. 农业机械改造 农业机械化是现代农业的重要标志和物质技术基础。农业机械改造是利用国内外先进合适的技术、设备、工艺、材料等对现有的产品进行升级改造，制造新的工具设备，不断提高农业企业的生产技术装备水平，即将手工操作的简易工具设备改造成机械化的工具设备，并向生产过程自动化、智能化方向发展，以改善企业劳动条件，提高生产效率，降低能源和原材料的消耗。

3. 农业生物技术改造 生物技术在我国农业种植中的应用范围不断扩大，其在农业中的应用包括植物生物技术、植物基因工程、植物细胞工作、动物基因工程和动物细胞工程等方式。在农业种植领域，根据区域农业生产实际情况和种植条件，合理应用转基因技术、组织培养技术和生物农药制作技术，可有效提高农作物的产量，保证农产品的质量安全，对促进社会的发展起到积极的推动作用，同时有利于产品的更新换代，增强市场竞争力。

4. 改造生产环境 农业企业特别要注重环境污染问题，应采用相应的技术措施，改造陈旧落后的高污染生产环节和作业方式，降低对环境的污染，如降低和消除化肥、农药、废气、废水对环境的污染等，不断改善生产环境。

【案例】

“头雁”回乡来创业，产业之路铸品牌

湖南省湘阴县人大代表刘建国，放弃去机关单位上班的机会，选择在长沙创业，事业做得风生水起。2005 年，刘建国看准了网络信息市场的巨大商机，创建了湖南众信建设工程有限公司，任董事长，掘得“第一桶金”。他放着城里滋滋润润的清福不享，回乡开始二次创业，铁了心带领乡亲们搞生态农业，做现代农民。2013 年，刘建国注册成立湖南百树山生态农业发展有限公司，投资 3 400 万元，流转及租赁土地 1 066 亩，集中连片建设高标准钢架大棚设施蔬菜、原生态鱼塘等，以务实、创新的工作理念和精神面貌，大力发展现代农业，铸造农业精品，谱写现代农业篇章。他率先建立了全县首个农业企业农残检测室，通过一系列农业新技术的应用和质量安全管控措施；携手周边农业生产企业，共建农产品互联网销售途径，推动“互联网+”与智慧农业的发展，使客户与基地直接联系起来，2015 年就扭亏为盈，实现年销售 3 600 多万元，利润 460 多万元的好成绩；至 2017 年，公司的种植规模达到 1.5 万亩以上，实现年销售额 2 亿元以上。

刘建国并不满足，他带领公司团队到台湾、贵州、重庆、四川、长沙等地考察，行程近 3 万千米，目前正筹备建设生鲜超市、农村生活体验馆、教学实验楼、健身休闲广场、托儿所及时鲜蔬菜区、优质稻米区、特色水果区、特种水产养殖区和农产品深加工区，建成投产后预计年产值将突破 3 000 万元，可安置 400 多人就业，力争打造南赛公路沿线农业科技园和农副产品产业带，提升产品的知名度和美誉度，延长生态农业产业链。

（资料来源：汪鹏．记湖南百树山生态农业发展有限公司董事长刘建国．http：//www.xiangyinxw.com/Info.aspx? ModelId=1&Id=10053，2014-09-19.）

【启示】

新时代“三农”思想，习近平总书记提出农业现代化是“新四化”的薄弱环节，需着眼于加快农业现代化步伐，在稳定粮食和重要农产品产量、保障国家粮食安全和重要农产品有效供给的同时，加快转变农业发展方式，加快农业技术创新步伐，走出一条集约、高效、安全、持续的现代农业发展道路。为此，生态农业不失为好的选择。

任务四 农业企业筹资管理

读一读

北大荒米业资金集中管理

北大荒米业集团公司是黑龙江北大荒农业股份有限公司控股的子公司，为提升企业价值、强化管控、创新引领，该公司建立了以“一个预算，三个体系”为核心的财务运营与管控体系，即全面刚性预算管理、货币资金集中管理体系、会计核算网络化体系和财务风险管控体系。米业集团全面实行货币资金集中管理及资金网络化信息管控体系，其设计理念是高度的集约化，充分发挥资金的规模效应，保持企业现金流在严格监控下的均衡有效；设计原则是在制度上明确总部与分支公司直接对口管理的垂直、扁平化管理方式，严格划分各级次的职责权限，强调总部资源调配的权威性，采取高度的集中化和完全的收支两条线，实现资金来源及使用去向的统一筹划、统一配置和统一运作。实施集团内部资金额度控制及资金使用方向监管问效机制，强化金融理财产品组合应用，通过开展银行承兑汇票贴现融资、信托理财融资、保理融资、信用证融资及1+N供应链融资等方式，每年为米业集团节约财务费用近亿元人民币。

（节选自：隋金豆．北大荒垦丰种业股份有限公司资金集中管理的研究[D]. 哈尔滨：哈尔滨工业大学，2015.）

一、农业企业融资模式

农村金融机构包括银行和非银行机构。银行机构包括中国农业发展银行、中国农业银行、中国邮政储蓄银行、农村商业银行、农村合作银行、村镇银行等。非银行机构包括农村信用合作社、农业保险公司、贷款公司和资金互助社等。贷款公司和资金互助社是发放贷款给客户在财务上进行周转的公司，其利息比银行高，但较方便客户借贷，不需繁复的文件进行证明。

目前，我国针对农业的融资有下列几种模式：

1. 政策性融资 我国政策性金融机构为中国农业发展银行。农户的中小农业项目是没有贷款资格的，同时政府年度的农业财政预算主要是用于农业发展的基础投入，即使有部分资金用于农业补贴，也无法满足中小农业项目的融资。

2. 商业贷款 商业银行贷款需要有相应的抵押品，而农户的抵押资产拥有量普遍很少，商业贷款在农户中并不普及。政府可放开农用土地和农村宅基地的流转，使农户能够用自己的土地、宅基地及房产作为抵押品贷款，这将极大拓展农业融资市场，降低中小农业项目的融资难度。

3. 民间贷款 目前农户在缺乏资金时首先会向亲朋借款，但对于数额比较大的借款，普通农户很难向亲朋借到。以目前民间借贷市场来看，更多是类似于高利贷性质，这种借款风险极大，一旦经营不好将导致沉重的债务负担。

除了上面3种融资模式，还有股权融资、债券融资、众筹融资、电商小贷融资、农业价值链融资、融资租赁等。随着时代的发展，还会有更多的融资模式出现，解决农业企业发展资金不足的问题。

二、农业企业融资模式的应用

1. 电商小贷融资及融资流程 电商小贷融资是指新型农业经营主体基于大数据的小额贷款融资模式。

大数据是指难以在可接受的时间内用传统数据库系统或常规应用软件处理的巨量而复杂的数据集。

电商小额贷款融资是指以大数据技术作为技术支撑，由电商发起成立小额贷款公司，并以资金需求者在其平台累积的信用和交易等大数据作为借贷依据而对资金需求者进行的授信放贷，如我国的阿里小贷、京东商城，美国的亚马逊等。

新型农业经营主体电商小额贷款融资是指新型农业经营主体凭借自身在电子商务平台留下的大数据，向电商平台发起成立的小额贷款公司申请贷款的融资模式。

该模式的主要特点是通过大数据的挖掘和利用，改善了借贷双方的信息不对称状况，消除了借方顾虑，弥补了传统金融模式下因借贷双方信息不对称导致的金融机构对新型农业经营主体“惜贷”“慎贷”的不足，有利于信誉好、有一定品牌知名度、管理机制成熟、网络营销运用较好的新型农业经营主体获得金额较小、短平快性质的融资。

新型农业经营主体电商小额贷款融资流程一般分为以下两步：

第一步，新型农业经营主体向电商平台提出融资申请，小额贷款公司用信贷数据风控模型交叉检验其历史经营和信用数据，并评估其还贷能力，然后根据分析结果决定是否向其开放信贷服务。

第二步，电商平台实时监控已获得贷款的新型农业经营主体的交易状况与财务情况，并将这些数据转换为信用评价，以控制贷款风险并保证信贷资源的最优配置。

2. 众筹融资及融资流程 众筹是指资金需求方利用互联网或社会性网络服务传播的特性，寻求众多意向投资者，并将这些投资者的每份小额投资汇总，以达到资金需求总量，进而完成特定目的的融资方式。

目前主要有股权众筹和创新项目众筹两种众筹融资模式，前者如“创投圈”，后者如“众筹网”等。

新型农业经营主体众筹平台融资是指新型农业经营主体利用互联网或 SNS 发动公众力量，将自身创立或准备投建的新项目以股权众筹或创新项目众筹的形式集中公众资金的一种融资模式。

这种模式的最大特点在于不以是否拥有成熟商业价值作为发放贷款的唯一判断标准，弥补了传统金融模式下大多数新型农业经营主体因经营风险系数高而难以获得数额较大、时限较长的项目启动性融资的不足，适合创设新型农业经营主体和新型农业经营主体开辟新项目。

新型农业经营主体众筹平台融资流程一般分为以下 4 步：

第一步，新型农业经营主体将策划方案和融资需求上传到众筹融资平台，该平台组织相关专业机构进行审核。

第二步，项目获得通过后，新型农业经营主体在该平台发布项目及其融资信息，吸引有投资意愿的个人和机构。

第三步，投资者在募资期限内将资金转入新型农业经营主体资金账户或第三方金融机构账户，众筹融资平台对所筹资金进行相应监督。

第四步，项目执行完毕后，新型农业经营主体以股权凭证、红利、现金、债权凭证等一种或多种形式兑现对投资者的承诺回报。

3. 股权融资及融资流程 股权融资是股份制公司股东通过出让部分股权增资引进新股东的方式来融资。在这种融资模式下，新股东分享公司的盈利，公司无须还本付息。其融资方式有私募发售和公开市场发售两类。

公开市场发售是公司在股票市场上市向公众发行股票来融资。根据我国证券法规定，公司上市要求有 5 000 万元的资产规模，所以公开市场发售方式并不适合中小农业项目的融资。

私募发售应用于农业融资，首先需要农户成立农业合作社或农业公司，然后再吸引投资者入股。农民合作社发展到一定规模后，可以通过发行股票的形式筹集资金，这种股票可以是公开发行的，任何人都可购买；也可以是不公开发行的，只允许合作社的成员购买。经营状况良好的合作社可以借鉴股份公司的做法，把股票划分为普通股票和优先股票，投资者购买优先股票意味着享有合作社固定的红利，可以在市场上进行买卖，但是没有投票权；相比之下，普通股不享有固定的红利，只是根据合作社的盈利情况享有利润分成。当合作社发行普通股时，合作社的成员具有优先购买权，如果成员无法全部购买，其他组织或个人可以购买。

读一读

改善农业、农村金融信贷服务

综合运用税收、奖补等政策，鼓励金融机构创新产品和服务，加大对新型农业经营主体、农村产业融合发展的信贷支持。建立健全全国农业信贷担保体系，确保对从事粮食生产和农业适度规模经营的新型农业经营主体的农业信贷担保余额不低于总担保规模的70%。支持龙头企业为其带动的农户、家庭农场和农民合作社提供贷款担保。有条件的地方可建立市场化林权收储机构，对林业生产贷款提供林权收储担保的机构给予风险补偿。稳步推进农村承包土地经营权和农民住房财产权抵押贷款试点，探索开展粮食生产规模经营主体营销贷款和大型农机具融资租赁试点，积极推动厂房、生产大棚、渔船、大型农机具、农田水利设施产权抵押贷款和生产订单、农业保单融资。鼓励发展新型农村合作金融，稳步扩大农民合作社内部信用合作试点。建立新型农业经营主体生产经营直报系统，点对点对接信贷、保险和补贴等服务，探索建立新型农业经营主体信用评价体系，对符合条件的，灵活确定贷款期限，简化审批流程，对正常生产经营、信用等级高的，可以实行贷款优先等措施。积极引导互联网金融、产业资本依法依规开展农村金融服务。

（资料来源：节选自中共中央办公厅、国务院办公厅印发《关于加快构建政策体系培育新型农业经营主体的意见》。）

模块小结

本模块主要介绍了农业企业要素的构成，并分别对农业企业的人力、土地、技术、资金等资源要素管理进行了阐述。通过本模块的学习，应了解农业企业要素的构成，理解并掌握人力、土地、技术、资金等资源要素管理内容。要求学员能够理论联系实际，举一反三，灵活运用所学农业企业的要素管理解决农业企业运营过程中的实际问题。

思考题

1. 人力资源管理包括哪些内容？
2. 合理科学的薪酬体系设计一般需要有哪几个步骤？
3. 土地确权的基本流程有哪些？
4. 如何核算土地承包费？
5. 农业技术开发的方式是什么？
6. 如何实现农业科技创新？

项目训练

1. 根据当地的具体情况，结合自己经营的历程，分组讨论电商小贷融、众筹融资、资股权融资的优缺点与适用范围。

2. 组建学习小组，分组调研当前农业技术中某一项技术的实际运用情况，并分析其遇到的技术瓶颈及造成的后果，撰写调查报告。

模块四 农业企业生产管理

学习目的

通过本模块的学习，了解农业企业生产的特点，掌握农业企业生产过程的组织和管理。

主要内容

生产是农业企业经营管理的一个重要环节。本模块介绍规模种植业、规模养殖业、农产品加工生产的特点和过程的组织管理，从中你将会学到如何编制农业企业生产计划，以及如何对农业企业开展标准化生产。

【案例导入】

佳 沃 集 团

佳沃集团成立于2012年，是联想控股旗下的现代农业和食品产业投资平台。佳沃集团以品牌为导向，构建起“全程可追溯、全产业链运营、全球化布局”的“三全模式”，创新农业种植方式和经营方式，探索了以蓝莓、猕猴桃为代表的品牌农业模式。目前佳沃集团已经在饮品、水果、动物蛋白和品牌包装食品等领域建立了领先的全球化产业平台。

在农业项目布局上，佳沃集团根据地方实际情况采取了多种模式，包括公司自建基地、“公司＋农户”模式、“公司＋基地＋农户”模式。

（1）公司自建基地。佳沃集团在其自建基地均建立了区域经理、片区负责人、技术人员、承包农户4级管理体系。一个承包农户管理20～30亩，负责对基地的农作物进行种植、套袋、施肥、剪枝等具体工作。

(2)"公司+农户"模式。佳沃集团与种植商建立了"植入式管理"合作模式，将自建示范基地的管理模式引入合作经营基地，并为种植商提供统一的农产品供应、融资渠道和品牌营销服务。公司向种植商收取一定比例的管理费，并参与最后的收益分红。

(3)"公司+基地+农户"模式。通过土地流转，连片实行产业化经营，实现龙头和基地的相互依赖、风险共担、共同发展，基地利用现代互联网技术，在各个生产环节建立无线网络，实现农业园区植物生长环境的自动信息检测与控制，实时监测植物生长状态，实施规范化管理。

(资料来源：根据佳沃集团主页 http://www.joyvio.com/index.php?m=content&c=index&a=lists&catid=7 编辑整理.)

想一想？

1. 现代农业企业生产的特点是什么？
2. 如何对规模农业生产过程进行组织和管理？

任务一　规模种植业生产管理

种植业是指利用植物的生活机能，通过人工培育以取得粮食、副食品、饲料和工业原料的社会生产部门，包括粮食作物、经济作物、饲料作物、绿肥作物、蔬菜、花卉等农作物的种植生产。规模种植业是指具有较大经营规模、以商品化经营为主的种植业。我国暂行规定，一年一熟制地区露地种植农作物的土地达到100亩及以上、一年二熟及以上地区露地种植农作物的土地达到50亩及以上、设施农业的设施占地面积25亩及以上，或虽没达到上述条件但种植的特色产品销售总额达到10万元及以上的，可称为规模种植。

一、规模种植业的生产特点

1. 发展速度快，提升空间大　规模种植业发展主要依赖于土地规模化。近年来，随着城乡一体化的推进和耕地流转的加快，新型农业生产经营主体规模不断壮大，规模化种植业逐渐发展起来，速度有所加快。但相比农业现代化国家，我国规模化种植业发展水平尚存在较大差距，未来有较大的提升空间。

2. 种植效率高，人工成本低　与普通小农户种植相比，规模化种植较多使用机械，较少使用人工，人员效率高，人工成本低，物质及服务费用比较高。大部分规模化种植所需土地需要从外部流转获得，价格通常比较高，导致土地成本较高。未来，随着规模经营模式的优化，土地流转成本高的问题有望被化解。

3. 经营模式不断优化 按照土地获得方式的不同，国内规模种植经营模式主要有两种：一是传统的土地流转经营，即通过租赁、转让等多种方式获得经营权，经营权及经营收益由普通农户转移至规模化种植业主；二是新兴的生产托管经营，即规模化种植业主或服务组织向普通农户提供菜单式服务，代为完成农业生产中的耕、种、防、收等全部或部分作业环节并获得相应收益。与传统土地流转方式相比，新兴的生产托管服务模式的优势在于：①不需要流转土地经营权就可以实现土地的规模化经营，符合农村现实情况；②通过集中采购农业生产资料和采用先进农作技术，降低农业生产成本。

二、规模种植业的生产计划及编制

（一）规模种植业生产计划的内容

生产计划是组织农作物生产的依据。计划内容主要包括作物种植计划、技术措施计划和农业机械化作业计划等。

1. 作物种植计划 作物种植计划是确定一年内种植的作物种类、面积、田区安排以及各种作物的单产和总产。确定种植计划的步骤为：掌握土地面积及其构成（自然环境、质量、灌溉条件及其他）→确定种植面积（根据市场需求供给趋势预测和作物轮作倒茬的要求等因素综合考虑）→确定单产和总产水平（根据土地状况、生产条件、技术水平以及物资的保障程度，并结合往年产量）。（表 4－1）。

表 4－1 农作物种植计划

单位：千克/公顷

作物名称	播种面积		单产		总产量	
	上年实际	本年计划	上年实际	本年计划	上年实际	本年计划
总面积 1. 水稻 2. 小麦 3. 棉花 4. 瓜菜 5. 水果 ……						

2. 技术措施计划 技术措施计划是实现种植计划的保证，是年度种植计划的具体落实，也是组织生产过程的具体依据。其主要内容包括播种计划、施肥计划、灌溉计划、病虫害防治计划、田间管理计划和收获计划等。在制订这些计划时，一方面要根据不同作物和不同条件，因地制宜采取有效的增产措施；另一方面要讲究技术措施的经济效果，防止盲目投资。

（1）播种计划。播种计划是对作物播种面积、播种量、播种时间、质量要求、种子名称等的计划安排，见表4-2。

表4-2 作物播种计划

单位：千克/公顷

作物	播种面积	播种时间	种子名称	公顷播种量	种肥		总播种量	播种方式	质量要求
					名称	公顷用量			
总面积 1. 水稻 2. 小麦 3. 棉花 4. 瓜菜 5. 水果 ……									

（2）施肥计划。施肥计划主要是测土、配方、施肥，即根据作物的需肥种类和数量、土壤肥力及各种养分释放的时间等要素制定配方，交给肥料厂定制需补充的各种肥料和营养元素，以充分满足农作物生长发育的需要，保持土壤肥力的永续性，具体包括施肥种类、施肥面积、施肥量、施肥方法、施肥时间等，见表4-3。

表4-3 农作物施肥计划

单位：千克/公顷

作物	施肥种类	施肥面积	公顷施用量	总施用量	施肥方法	施肥时间
小麦	基肥 种肥 追肥					
棉花	基肥 种肥 追肥					
……						

（3）灌溉计划。编制灌溉计划是根据农作物的种植计划、生育期灌水定额、水资源供给量、降水及土壤墒情等，进行综合平衡。首先，根据各作物的播种面积和常年在各生育期的灌水定额（灌水定额＝作物实际需水—天然补水量），计算不同时期的需水总量，并与水源可供量（地表与地下提水量）进行平衡。其次，根据节水灌溉技术确定具体灌溉方式，如提灌、井灌，渠道（明渠、暗渠）、管道（地面、地埋）输水，漫灌、畦灌、喷灌（固定式、移动式）、滴灌等，精确计算需水量和用水量。

3. 农业机械化作业计划 农业机械化是为规模种植业生产提供机械作业服务的一个非常重要的环节，因此，必须严格按照规模种植业生产的农时、技术、质量要求完成每项作业。为了提高作业效率，降低成本，减少土壤重压和机械作业损害作物，应尽可能种植连片，扩大种植规模，注重农机联合作业，如耕松免耕、播种、施肥、除草，收获、脱粒、秸秆粉碎、施有机肥、耕松翻压深埋，机械化自走式自动喷灌、水肥药一体化喷灌滴灌等。农业机械作业计划如表 4－4 所示。

表 4－4 农业机械作业计划

单位：公顷

作业项目	工作量合计		小麦		棉花	
	作业公顷	标准公顷	作业公顷	标准公顷	作业公顷	标准公顷
合计						
一、春季播种						
二、田间管理						
三、夏收夏种						
四、秋收秋种						
……						

（二）规模种植业生产计划编制方法——综合平衡法

综合平衡法指从总体上反映和处理种植业生产过程中各种资源与生产、分配、交换、消费之间的相互关系，常通过编制平衡表来进行。综合平衡表的内容主要有需要量、可供量、余缺 3 个项目。如物资平衡表，是以实物形态反映物质产品的生产与其需要之间的关系，见表 4－5。

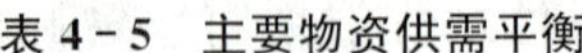

表 4-5　主要物资供需平衡

单位：千克

项目	要素			
	种子	化肥	燃油	其他
一、需要量				
1. 小麦				
2. 棉花				
……				
二、可供量				
1. 期初结余				
2. 本期购入				
……				
三、余缺				

三、规模种植业生产过程的组织和管理

合理组织生产过程就是要按照农业技术要求，注重农机与农艺结合，在严格的农时期限内保质、保量地完成各项作业，并力争做到高产、优质、低耗，以取得较好的技术经济效果。

（一）规模种植业生产过程组织的原则

1. 标准化　规模种植业须严格按照规范的操作技术标准、工作质量标准、管理标准进行田间操作，才能提高工效、保证质量、增加产量。

2. 及时性　由于种植业生产具有季节性特点，所以作业都有严格的时间要求，不能延误农时，否则就会降低产量、影响销量。因此，一定要按照生产计划组织生产，及时整地、及时播种、及时管理、及时收获，按时完成各项作业任务。

3. 经济性　由于不同农作物的生产周期和生长性能不一样，在组织生产的过程中，应使生产要素得到最佳配置，优化作业方案，加强科学管理，提高作物生产的经济效益。

4. 科学性　要科学种田，选择适宜的作物种类，选育优良品种，尽力创造最适于作物生长的外部环境条件，充分利用生物的遗传内因，利用科学技术进行人工辅助或干预作物生长，提高生产能力，按照科学的种植制度组织生产，提高生产效率。

5. 可持续性 规范使用化肥、农药、塑料薄膜等农资，不破坏土壤团粒结构，不污染土壤和水体，不危害人体健康和畜禽产业，使农业生产能够持续、健康发展。

（二）规模种植业生产的空间组织

规模种植业生产的空间组织是指为合理利用土地资源，对各种作物在一定面积耕地上的具体分布和落实。规模种植业空间布局的要求有：

1. 以市场为导向合理布局 规模种植业应从市场需求出发，合理布局，结合生产条件，及时扩大高产优质、畅销利大的优势作物，控制和压缩滞销作物；根据市场供求价格变动趋势，及时调整作物种植结构和比例。

2. 根据土地特点进行合理规划 对当地的土壤特性和地形地势进行研究，将主要作物的优良品种安排在最适宜的耕地上，以发挥地方优势，形成区域特色，争创优质品牌；利用其他土地资源发展其他相宜作物，使得地尽其力、物得其所。

3. 结合生产便利进行规模运作 规模种植业的空间布局还要有利于农业机械化作业、农业新技术推广、组织农资供应、享受价格优惠，充分发挥农田水利设施作用，最大限度地释放土地潜能，产生规模效益，提高劳动效率，降低生产费用。

（三）规模种植业生产的时间组织

规模种植业生产的时间组织也称轮作种植，是指在同一空间地段上，轮流种植不同时间阶段生长的作物，以充分利用土地的生产时间，增加光能利用率，提高土地的生产效能。这是搞好规模种植业生产布局的一个重要方面，一般应注意以下 3 点：

1. 科学确定复种指数 复种是指在同一块土地上一年内种植两茬以上的作物。复种指数＝一年内的种植面积/耕地面积。

复种方式主要有收上茬种下茬、隔行套种、育苗移栽。隔行套种是指在前茬作物快收获时，利用作物的行间套种后茬作物；育苗移栽是指在前茬作物收获后，种植下茬作物已经育好的秧苗。套种、移栽主要是为了解决下茬作物生长时间不足的问题，或延长下茬作物的生长发育期，以充分利用土地和光照，提高作物产量和品质，以空间增时间、以时间扩空间。复种必须与当地的自然条件和经济条件相适应，否则，盲目增加复种指数会降低经济效益。

2. 合理安排作物茬口 各种作物生长的季节不同，对光照和温度的要求、对土壤养分的需求和消耗、各自的病虫害发生规律等也各不相同，因此，必须合理安排茬口，前后茬合理衔接，以充分利用光温、耕地和劳力，减少病虫害的发生，实现高产优质高效。在生产实践中需要注意以下问题：一是根据季节变化安排茬口；二是突出重点农作物，合理搭配主、副作物；三要注意茬次的衔接时间，前后茬作物的光温、肥水、劳力需要和病虫草害等是否矛盾；四要注意远近结合、长远规划、合理轮作，防止连作后发生生理障碍和土传病害等。

3. 用地与养地相结合 在同一块地上，农作物连作时间较长往往会降低土壤肥力或导致杂草丛生、病虫害频发等问题，实行合理的轮作倒茬则可以减少此类情况的发生。轮作倒茬是指在一定年限和一定田区内对不同作物进行周期性轮换种植。如禾本科作物与豆科作物轮作可以恢复和提高土壤肥力；深耕作物与浅耕作物轮作可以利用土壤不同耕层的营养物质和水分；水旱轮作不仅有利于消灭杂草，还可以降低土壤的盐分和酸碱度，有利于改良土壤。

（四）规模种植业生产过程的管理

规模种植业生产过程的管理主要包整地、播种、田间管理和收获等几个主要生产阶段。

1. 整地管理 整地是规模种植业的一项基础工作。一是要严格按照农时，适时进行耕翻和平整土地；二是严格按照技术要求，保证整地质量；三是深耕、浅耕还是免耕要因地、因时、因作物制宜；四是尽可能地覆盖地边、地角，消除漏耕等；五是尽可能在整地前施用有机肥，深翻后作底肥，以确保改良土壤，提高土壤的有机质含量。

2. 播种管理 播种是一项时间性和技术性很强的工作。一是要按农事季节及时播种；二是要按规定的数量和密度播种；三是要按规定的深度播种；四是要按规定的株行距播种，不漏播和重播；五是移栽作物要按规定的移植期移栽，要求苗全苗壮。

3. 田间管理 田间管理工作包括间苗、定苗、整枝打杈、中耕、除草、施肥、灌水、喷药等。不同的作物各项作业的技术操作要求不同，必须严格按照各项农艺规程和规定操作。其基本要求是及时作业、保证质量，正确运用农业技术有计划地促进或控制作物生长。

4. 收获管理 一般收获工作时间紧、作业量大，一定要集中力量，加强组织管理，统筹安排，尽可能实现机械化、自动化，以便在短期内高效率、高质量、低成本地完成收获，确保丰产丰收。

任务二 规模养殖业生产管理

养殖业是指用放牧、圈养或者二者结合的方式饲养畜禽，以取得动物产品或役畜的农业产业，包括牲畜饲牧、家禽饲养、经济兽类驯养等。规模养殖业是指具有较大经营规模，以商品化经营为主的养殖业。我国暂行规定，生猪年出栏200头及以上、肉牛年出栏20头及以上、奶牛存栏20头及以上、羊年出栏100只及以上、肉鸡肉鸭年出栏10 000只及以上、蛋鸡蛋鸭存栏2 000只及以上、鹅年出栏1 000只及以上，或虽没达到上述条件但养殖产品销售总额达到10万元及以上的，都可称为规模养殖。

一、规模养殖业的生产特点

1. 双重性 规模养殖业生产既是消费资料的再生产，又是生产资料的再生产。肉畜、肉禽是劳动产品和消费资料，而种畜、种禽、奶畜、蛋禽、役畜则又是劳动手段和生产资料。因此，企业的生产既要满足社会对生活消费品的需要，又要保证自身再生产的需要，具有双重性特点。

2. 商品性 规模养殖业的商品性很高，而产品又不便于运输且易腐坏，因此，要求收购、加工、贮藏、运输等方面密切配合。

3. 经济性 养殖企业作为营利性组织，既要按自然规律组织养殖活动，又要按经济规律进行生产管理，以取得良好的经济效益和生态效益。养殖生产要特别重视饲养管理技术的进步和品种改良，以缩短生产周期，延长生产时间，提高畜禽产品的产出率。

4. 周期性 畜禽生产一般周期较长，从几十天到几年不等，规模养殖在整个生产周期中需要投入大量的劳动力和资本，只有在生产周期结束时才能获得收入，实现资本的回收，占用资金较多，回收期较长。

5. 适应性 规模养殖业对于自然条件和经济条件的适应性较强，既可放牧又可舍饲，可密集饲养也可异地育肥。因此，发展规模养殖业可以根据各地的自然经济条件，克服环境等因素的不利影响，创造适合规模养殖业生产的良好的外部环境，以保证养殖生产过程顺利进行。

6. 环保性 规模养殖业在生产过程中，畜禽体味和臭味、噪声很大，畜禽粪便、养殖废水生产量很大，正常和非正常的病、弱、伤、残、死的畜禽量也很大，环境污染严重，易造成养殖公害。因此，规模养殖业要加强环保工作，对废弃物进行无害化处理，不断提高资源化利用技术。

二、规模养殖业的生产计划及编制

规模养殖业生产计划主要包括畜群配种计划、畜群周转计划、畜产品产量计划和饲料供应计划等。

（一）家畜生产计划及其编制要求

1. 畜群配种计划 畜群配种计划指计划年度内家畜交配和分娩的头数，是组织畜群生产的依据之一，如表4－6所示。畜群生产可采用季节性交配分娩和陆续性交配分娩的方式。在编制畜群交配分娩计划时，要根据市场需求规律与本场自然气候条件、生产资源状况加以确定。

表4－6 奶牛牛群交配分娩计划

单位：头

项目	月份	1	2	3	4	5	6	7	8	9	10	11	12
上年度配种数	经产母牛												
	初产母牛												
	初配母牛												
	合计												
本年度产犊数	月份	1	2	3	4	5	6	7	8	9	10	11	12
	经产母牛												
	初产母牛												
	合计												
本年度配种数	经产母牛												
	初产母牛												
	初配母牛												
	合计												

2. 畜群周转计划 畜群周转计划是对一定时期内畜群中各组牲畜变动所做的预先安排。畜群在一定时期内，由于出生、成长、购入、销出、淘汰、死亡等原因，经常发生数量上的增减变动。为掌握畜群变化规律，应根据畜群结构、交配分娩计划、淘汰计划和畜群的周转关系编制畜群周转计划，如表 4－7 所示。

表 4－7 猪群周转计划

单位：头

组别		计划	周转月份												增加			减少			计划
		年初头数	1	2	3	4	5	6	7	8	9	10	11	12	繁殖	转入	其他	出售	转出	死亡	年末头数
合计																					
种公猪																					
基本母猪																					
仔猪： 1 月龄 2 月龄																					
后备猪： 3 月龄 4 月龄 5 月龄 6 月龄 7 月龄 8 月龄 9 月龄																					
出售淘汰总数	断奶仔猪 育肥猪淘汰猪																				
月末存栏数																					

3. 畜产品产量计划 畜产品产量计划可根据生产任务的不同制订。常见的有家畜出栏计划、奶牛场产奶计划等，如表 4－8 所示。制订奶牛场的牛群产奶计划时，应考虑各个奶牛群的母牛胎次、泌乳月份、泌乳前几个月及本月的平均日产奶量、泌乳曲线特性、妊娠月数、母牛体重、营养状况、饲料条件等因素。

表 4-8 家畜出栏计划

种类	月份											
	1	2	3	4	5	6	7	8	9	10	11	12
一、牛出栏数（头） 平均活重（千克） 总活重（千克） 活牛单价（元/千克） 总价格（元）												
二、猪出栏数（头） 平均活重（千克） 总活重（千克） 生猪单价（元/千克） 总价格（元）												

4. 饲料供应计划 饲料供应计划是按一定时间和饲养头数来制订的，饲料需要量一般可按年计算或按月计算。按年计算饲料需要量时，可根据畜群年均头数的年需要量计算；按月计算饲料需要量时，可用畜群周转计划中各畜群月均头数乘以各月饲料定额计算（表 4-9）。

表 4-9 饲料供应计划

猪群分组	畜群	1 号料		2 号料		普通饲料	
	年均头数（头）	定额（千克/头）	总量（千克）	定额（千克/头）	总量（千克）	定额（千克/头）	总量（千克）
种公猪 基本母猪 鉴定母猪 仔猪 后备猪 育肥猪 淘汰猪							
合计							

（二）家禽生产计划及编制要求

1. 家禽孵化计划 编制孵化计划的目的在于保证后备蛋禽、育肥肉禽和出售苗禽的需要。孵化计划应根据孵化设备的生产能力、种蛋生产量和市场对苗禽需求的预测来制订。其主要内容包括孵化时期、种蛋来源和孵出苗禽数量。

2. 禽群周转计划 在自繁自养、综合经营的养禽场，鸡群构成一般分为种公禽、种母禽、雏禽、后备禽、产蛋禽、肉用禽、淘汰育肥禽等。由于禽类生长迅速，周转计划一般按月编制。

3. 产品生产计划 生产计划是家禽养殖场全年生产任务的具体安排。其内容包括饲养的品种、数量和各项指标，所需劳力，饲料品种与数量，年内预期经济指标，以及种蛋、种雏、商品禽、商品蛋的预期数量等。

4. 作业生产记录与收支月报记录 养禽场年度计划的完成在于严密地组织生产过程和各项作业，经常核算收支状况等工作的质量，为此必须做好作业生产记录和收支月报记录，主要包括育雏记录、肉禽记录、蛋禽记录、饲料消耗记录等。

三、规模养殖业生产过程的组织和管理

规模养殖业的生产过程是应用工业生产的先进技术和设备，综合工程建筑学、动力机械、微生物学、遗传学、饲养管理、市场营销学，有序安排畜禽的繁殖、育肥、防疫、销售等并顺利实施的现代化养殖过程。规模养殖要想达到高产、优质、低耗、高效的生产目的，必须做好生产过程的组织和管理。

1. 优化选址与布局 结合当地土地利用发展规划、农牧业发展规划、农田基本建设规划等科学选址，合理布局。一般宜选择地势高燥、背风向阳、地下水位较低，具有一定缓坡而总体平坦，水源充足，能保证生产、生活用水且符合卫生要求、取用方便，土质为沙壤土或砂土，交通便利，同时要综合考虑当地的气象因素，如最高最低温度、湿度、年降水量、主风向、风力等，选择有利地址。此外，还要远离其他畜禽养殖场及化工厂、畜产品加工厂、屠宰厂、兽医院等容易产生污染的企业和单位。

2. 创建适宜的饲养环境 饲养环境要有利于畜禽的生长和繁殖，还要有利于卫生防疫和环境保护。要具备配套的机电设备，如供水、供料、供暖、保温、通风、降温和污水处理设备。要严格执行科学的兽医卫生防疫措施，有效预防和控制传染病及普通病的发生。

3. 选用优良品种及先进的繁育技术 包括建立畜禽的良种繁育体系、选育优良品种、筛选最佳杂交组合；采用先进的繁育技术，确保满足市场需求。

4. 采用标准化饲养方式 根据畜禽不同生理阶段对营养的需求规范饲料配制，实行标准化饲养管理，采用流水式生产，提高饲料的使用效率和养殖的经济效益。

5. 加强饲养管理 饲养管理是家畜规模养殖的核心。饲养工艺主要有两种：一是圈舍饲养，二是散栏饲养。在饲养过程中，设备设施要配套齐全，在生长周期的各个阶段，应采用不同的饲养管理手段，推行先进、科学、标准化的饲养方法，减少疾病发病率，同时减少浪费、降低成本、提高产量、增加效益。

6. 粪便污水资源化利用和无害化处理 一般采取制作有机肥、作食用菌基料或通过沼气化工程处理粪便污水，实现粪污资源化利用和无害化处理，确保养殖场的产品质量和环境安全。

7. 实行产销一体化 从幼苗的生产、饲料供应、防疫灭病、收购加工、储藏运销等不同环节开展专业化、系列化、综合性服务，实现养殖产销一体化。

任务三　农产品加工生产管理

农产品加工是用物理、化学和生物学的方法，将农业的主、副产品制成各种食品或其他用品的一种生产活动，是农产品由生产领域进入消费领域的一个重要环节。农产品加工主要包括粮食加工、饲料加工、榨油、酿造、制糖、制茶、烤烟、纤维加工以及果品、蔬菜、畜产品、水产品等的加工，其加工过程及采用的方法因产品种类及消费要求的不同而定。农产品加工可以缩减农产品的体积和重量，便于运输；可以使易腐的农产品变得不易腐烂，保证品质不变，保证市场供应；还可以使农产品得到综合利用，增加价值，提高农民收入。

一、现代农产品加工的特点

农产品加工的生产过程同其他物质资料生产过程相比，既有共性，又有个性。与其他工业部门相比，现代农产品加工生产主要有以下特点：

1. 以农产品为生产对象 农产品加工业的最大特点是以农产品为原料进行加工制作。农产品加工业应因地制宜，立足本地的资源优势，生产具有比较优势的产品，并提高产品的市场占有率。

2. 以市场为导向组织生产 由于加工后的农产品是作为商品进入市场的，所以农产品的加工须以市场为导向，生产出能满足消费者需求的产品。为了提升农产品的附加值，现代农产品的深加工比例越来越高，加工能力也越来越强，并将逐步实现规模化、集约化和自动化生产。

3. 以产品质量标准为依据 随着消费结构升级和消费质量提升，消费者对产品的质量安全要求越来越高。世界卫生组织（WHO）、联合国粮农组织（FAO）和各国都对食品的营养、卫生等制定了严格的标准，我国也陆续颁布了《中华人民共和国食品卫生法》《中华人民共和国产品质量法》《中华人民共和国消费者权益保护法》和各种农产品质量标准，如绿色食品标准、有机食品标准、ISO9000 和 ISO14000 国际通用标准等。我国农产品加工业也建立了科学的产品标准体系和质量保证体系，如采用良好的生产操作规范（GMP）进行厂房、车间设计和设备选型配套，对管理和操作人员进行生产管理和质量管理，实施危害分析及关键控制点对生产过程进行控制等。

4. 追求生态环境效益 农产品加工过程产生的余料、固废、废水、废气等容易造成严重的环境污染以及资源过度开发等问题。因此，农产品加工企业必须采取有力措施，做到“三废”无害化处理达标排放，尽可能减少排放，努力实现零污染。

二、农产品的加工过程及其构成

农产品的加工过程一般分为生产准备过程、基本生产过程、辅助生产过程和生产服务过程等。

1. 生产准备过程 生产准备过程是指产品投产前所进行的一系列生产运作技术准备工作，如产品与工艺设计、工艺装备设计与制造、新产品的试制和试验等。

2. 基本生产过程 这是生产运作过程的核心部分，指将劳动对象直接加工成为企业主要产品的过程，如饼干企业的配料→过筛→调粉→静置→辊压→冲压成型→烘烤→冷却→整理→成品。

3. 辅助生产过程 辅助生产过程是指为保证基本生产过程正常进行而向其提供辅助产品或劳务的生产过程。如根据加工企业的生产车间、生产场地的作业面大小和设备要求，适当装配供电、供水、供气设施，以确保生产不间断进行。

4. 生产服务过程 生产服务过程是指为基本生产运作和辅助生产运作提供生产性服务活动的过程，如材料供应、工具保管、理化检验等。农副产品的加工制品大多是日常生活消费品，尤其是食品类产品，其质量优劣直接影响人们的身体健康，因此，注重产品质量是提高企业知名度和竞争能力的关键因素。为此，农副产品加工企业必须建立健全质量保证体系，配备相应的质量检验机构、设备和质量检测人员。

三、农产品加工生产过程的组织管理

（一）合理组织农产品加工生产过程的要求

1. 连续性　连续性是指农产品在加工过程各环节上的运动始终处于连续状态，不出现或少出现不必要的中断、停顿或等待现象，从而缩短生产周期，减少在制品数量，加速资金周转，充分利用设备、物资，减少等待，改善产品质量。

2. 平行性　平行性是指农产品加工过程中各项活动的各工序在时间上实行平行交叉作业，使之空间上平行、时间上连续。

3. 比例性　比例性是指农产品加工过程中各阶段、各工序之间在生产能力上要保持适当的比例关系，具体体现在工人人数、设备数量、生产速率、开工班次上。农产品加工过程要加强计划管理，注意产品生产规模和生产能力之间的平衡。

4. 均衡性　均衡性是指在农产品加工过程的各个阶段都要按计划有节奏、均衡进行。要求企业及各生产环节在相等的时间内，生产大体相等或数量逐步递增的产品，使各工序负荷稳定、均衡生产，没有时松时紧、前松后紧、突击赶工的现象。

5. 准时性　准时性是指农产品加工过程的各阶段、各工序都按后续阶段和工序需要的数量、质量生产所需要的零部件。

6. 柔性化　柔性化是指企业生产过程能很快适应产品品种变化，进行产品升级换代，采用新技术和新材料。这对企业适应多变的市场需求、提高竞争能力、增强经营的稳定性具有非常重要的作用。

（二）农产品加工生产过程的空间组织

农产品加工的空间组织是指各生产阶段及生产单位的组织和空间布局，要求具有最短的运输路线、最有效的面积利用、最好的工作环境、最合理的发展余地以及一定的灵活性。一般有工艺专业化、对象专业化和混合型 3 种基本组织形式。

1. 工艺专业化　工艺专业化是指按照工艺特征建立生产单位，将完成相同工艺的设备和工人放到一个厂房或一个区域内。这类布置的重点是确定设备和工作地的相对位置，使运输距离最短、运输费用最小、时间最少。

优点：有利于充分利用设备和员工时间，生产系统的可靠性较高；对产品品种变化的适应能力强；有利于进行工艺专业化的技术管理；有利于组织和指导同工种工人之间的相互学习与交流，提高技术水平。

缺点：劳动对象（加工产品）在加工过程中运输次数多，运输路线长；运送原材料和半成品的劳动消耗量大；劳动对象在生产过程中停放时间长，积压在制品多；生产周期长，占用流动资金多；协作关系复杂，协调任务重，有时会争夺制造资源；只能使用通用机床、通用工艺装备，生产效率低；各生产单位的计划管理、在产品管理、质量管理等工作比较复杂。

当市场需求多变时，采用工艺专业化原则是合适的。因此，该形式多适用于多品种中小批量生产。

2. 对象专业化 对象专业化即以加工对象来设置生产单位，每个生产单位集中了为加工某种产品工件所需的全套设备、工艺装备和有关工种的工人，对相似产品工件的全部或大部分进行工艺加工。当产品品种少、批量大时，应当按照产品的加工工艺过程顺序来配置设备，形成流水生产线或装配线。

优点：产品产出率高，单位产品成本低；操作人员效率高且所需培训少；每一种产品都按工艺流程布置设备，因此加工件经过的路程最直接、最短，无用的停滞时间也最少，有利于缩短生产路线，节约辅助劳动量；有利于减少在产品和资金占用量，缩短生产周期；有利于简化生产单位之间的协作关系，生产管理和采购、库存控制等工作也相对简单。

缺点：要求较多的设备，设备的利用率相对较低；由于所用设备专业性能强，通用性能差，不利于充分利用设备和劳力；生产线上工作重复、单调、乏味，缺乏提升机会，可能会导致工人的心理问题或职业伤害；对产品种类及产量变化、设备故障等情况的响应较差，不适应产品品种多变的形势等。

3. 混合型 混合型组织形式是指吸收工艺专业化与对象专业化的优点，按照综合性原则而形成的生产组织形式，既可以生产标准产品，又可以按照订单的要求生产非标准产品。其加工路线在某种程度上仍较杂乱，但能够有一条主线。通过混合布置的方式，可以设计一个既富于柔性又高效、低成本的生产系统。

（三）农产品加工生产过程的时间组织

时间组织是指产品在生产过程中各工序之间的移动方式，主要说明各工序之间如何衔接、协调，以尽量缩短生产周期。一般有顺序移动、平行移动、平行顺序移动 3 种方式。

1. 顺序移动方式 顺序移动方式即整批产品在上一道工序全部加工完成后，才整批集中运送到下一道工序加工，形成整批产品在各道工序间的相继移动。该方式一般适用于批量较少、工序时间较短的成批在制品生产。其优点是组织工作比较简单，设备没有停工时间。缺点是在制品在工序间有等待加工和运输的时间，整个生产周期长，在制品积压多，流动资金周转慢，经济效果差。

2. 平行移动方式 平行移动方式即一批产品中每一件产品在某道工序加工完成后，立即转入下一道工序，形成产品在工作场所之间的逐件移动。其优点是生产周期短，由于在制品移动快，流动资金占用也相应减少。缺点是各道工序的劳动量往往不等，劳动力和设备有时会出现空闲等待现象；当下道工序的加工时间小于上道工序的加工时间时，有停工待料现象，但这种停工时间不好利用；运输工作量也因运输相对频繁而加大。

3. 平行顺序移动方式 这是前两种方式的结合，即一批加工的产品在工作地之间的移动有两种情况：一是当前道工序加工单件产品的时间小于或等于后道工序加工时间时，加工完一件（一批）就立即转移到下道工序，即按平行移动方式移动；二是当前道工序加工时间大于后道工序加工时间时，则等到前道工序加工完的在制品数量能够满足后道工序连续加工时，才将加工完成的产品转移到下道工序，即按顺序移动方式移动。这样既可以防止下道工序时开时停的现象，又可以把工作地的间歇时间集中起来加以利用，使设备和工人都有较充足的负荷，但其组织工作比较复杂。

从上述分析中可以看到，3 种方式各有利弊，企业应根据自身的生产类型、生产规模及其特点，权衡利弊得失，决定采用何种方式组织生产过程。

任务四　农业标准化生产

农业标准化生产是指运用“统一、简化、协调、优选”的原则，通过制定、实施统一的生产标准和技术规程，对农业生产活动进行全流程控制，以促进高效安全的农业技术成果和经验模式的推广普及。农业标准化的对象是农产品及种子的品种、规格、质量、等级、安全、卫生要求，试验、检验、包装、储存、运输、使用方法、生产技术、管理技术、术语、符号、代号等。农业标准化的目的是将农业的科技成果和多年的生产实践相结合，制成“文字简明、通俗易懂、逻辑严谨、便于操作”的技术标准和管理标准向农民推广，最终生产出质优、量多的农产品供应市场。

一、农业标准化生产的意义

1. 提升农产品的质量 农产品标准化生产首先要求建立一套规范化的农产

品生产流程和衡量标准，涵盖农产品的生产、收购、储藏、运输等各个环节。这样一来，农产品质量变得容易控制，只要严格按照这些标准生产，就能较好地把握产品品质，从而确保农产品质量符合要求。

2. 增加农业从业者收入 农产品标准化、规模化生产是以市场为导向的，农业生产者更加注重精准化的市场生产，即根据市场需求来生产，防止盲目生产、不规范生产带来的弊端，从而提升生产效率，减少农产品滞销的概率，增加收入。

3. 改善农业生态环境 农业标准化生产需要对农作物生长环境进行检测和评价，要综合考量生态平衡、大气、水质、土壤、噪声等环境要素，在水质、水土保持、农药安全使用、绿化等方面有严格的要求。这样会促使人们去改善农作物的生长环境，保护农业生态环境。

二、农业标准体系的构成与分类

（一）农业标准体系的构成

农业标准体系一般由农业技术标准、农业管理标准和农业工作标准三部分组成。

1. 农业技术标准 农业技术标准包括基础性技术标准，农产品标准，生产技术规程、规范，农艺、农产品加工技术标准，检验、检疫标准，设施标准，环境标准，包装、标识、储运标准。

2. 农业管理标准 农业管理标准包括农产品生产、加工过程中的人力管理及基础设施管理，生产过程中的质量控制，安全、卫生质量标准，实施管理的报告和记录。

3. 农业工作标准 农业工作标准的内容包括工作岗位责任，岗位工作人员的基本技能，工作内容、要求与方法，检查与考核的办法和量化指标等。

（二）农业标准体系的分类

我国农业标准体系分为 4 级。

1. 国家标准 国家标准是指对全国经济技术发展有重大意义，必须在全国范围内统一的标准。国家标准由国家质量技术监督局编制计划、组织草拟，并统一审批、编号和发布。

2. 行业标准 行业标准是指在我国全国性农业行业范围内需要统一的标准。没有国家标准而又需要在全国某个行业范围内统一技术要求的，可以由中华人民共和国农业农村部组织制定行业标准。行业标准在相应国家标准实施后自行废止。

3. 地方标准 地方标准是指在某个省、自治区、直辖市范围内需要统一的标准。对没有国家标准和行业标准而又需要在省、自治区、直辖市范围内统一的技术和管理要求，可以由省、自治区、直辖市政府标准化行政主管部门制定地方标准。地方标准不得与国家标准、行业标准相抵触。在相应的国家标准或行业标准实施后，地方标准自行废止。

4. 企业标准 企业标准是在企业范围内协调、统一的技术要求、管理要求和工作要求标准，是企业组织生产经营活动的依据。企业标准由企业制定。

三、农业标准化生产的组织和管理

1. 按照现代农业生产发展需要，制定完善并执行农业标准体系 主要包括建立完善农业标准体系、农业监测体系、农业监督体系、农产品评价体系和农产品技术体系。现代农业企业应充分了解农业、质监、工商等有关部门的相关规定，培养专门人员从事绿色食品、有机食品产地、产品创建和申报认证工作，全面推进现代农业生产过程中产前、产中、产后全过程的标准化和规范化管理。

2. 按照适度规模要求，提升标准化生产的组织化程度 农业适度规模经营是推进现代农业标准化生产的重要前提。随着我国农村产权制度改革的深化，现代农业经营渐趋集约化、规模化、组织化、社会化、产业化，为农业标准化生产提供了有利条件。

3. 加快实施农产品品牌战略，增强农业标准化的内生动力 现代农业企业应充分利用当地资源禀赋和特色优势，开展系列农产品商标注册和优势优质农产品地理标志的申请登记工作，大力培育发展绿色食品、有机农产品、生态原产地保护产品和地理标志农产品；推动具有一定规模、知名度和产业基础的优质品种创建品牌，积极争创中国驰名商标，扩大国内国际影响力和竞争力，扩大市场占有率。通过农产品品牌化实现企业效益的提升，增强农业生产标准化的内生动力。

4. 加强农业标准化生产培训，规范农产品的生产过程 现代农业企业应加强对员工的标准化生产培训，使农产品标准化生产建立在劳动者素质提高和农业技术进步的基础上。通过各种培训，切实提升员工的标准化意识，使其掌握农业标准化生产技术和专业技能。

模块小结

本模块主要介绍了规模种植、规模养殖、农产品加工等农业企业生产过程的组织管理，并对农业标准化生产的相关内容进行了阐述。通过本模块的学习，要求学员了解农业企业生产加工的特点，掌握规模种植业、规模养殖业、农产品加工生产过程以及农业标准化生产过程的组织和管理要点，具备编制农业企业生产计划的能力及运用相关方法对农业企业生产过程进行合理组织和管理的能力。

思考题

1. 规模种植业生产过程的组织管理包括哪些方面?
2. 如何对规模养殖业生产过程开展组织管理?
3. 农产品加工生产过程组织的类型有哪些？应分别如何进行组织?
4. 现代农业企业如何实施农业标准化生产?

项目训练

调研某养殖场，分析其生产管理过程中好的做法和不足之处，并为其制订改进计划。

模块五 农产品质量安全管理

学习目的

通过本模块的学习，了解影响农产品质量安全的主要因素，掌握解决农产品质量安全的方法，熟悉农产品质量认证流程，掌握农产品质量追溯系统的运用。

主要内容

农产品质量安全影响消费者身心健康，提高农产品质量安全可以从农产品生产质量保证、农产品流通质量保证等角度着手。优质农产品要取得质量认证，同时，应提高农产品质量安全的可信度，可以对农产品质量进行追溯。

【案例导入】

农产品质量安全事件

事件一： 2014 年 5 月，重庆市农业委员会与重庆市公安局在联合开展专项执法检查时发现，魏某及其下属工人在租赁的屠宰场地向待宰的牛注水。经检测，17 个样品水分含量全部超标。2016 年，重庆市农业委员会依据相关规定，对魏某做出没收涉案物品，并处 170 万元罚款的处罚决定。魏某不服行政处罚决定，先后申请了行政复议和行政诉讼，北碚区人民法院一审判决维持了行政处罚决定。随后，魏某提出上诉，2017 年 5 月，重庆市第一中级人民法院终审维持了重庆市农业委员会对魏某做出的行政处罚决定。

事件二： 2015 年，甘肃省金昌市金川区农牧局在对全区洋葱种植区域进行日常巡查时发现，李某等 4 人对洋葱种植区冲释国家限用农药甲拌磷，洋葱、土壤等现场提取的样品均被检出甲拌磷。随后，案件移交公安机关处理。2016

年4月，李某等4人以生产有毒、有害食品罪被判处六个月至一年不等的有期徒刑，缓刑一年并处罚金。

（资料来源：汪亚．农业农村部公布农产品质量安全执法监管十大典型案例．https://www.chinacourt.org/article/detail/2018/07/id/3387157.shtml，2018-07-10.）

想一想？

1. 农产品质量安全可以从哪几个方面着手？
2. 社会应如何加强农产品质量安全监管？

任务一 农产品质量保证

一、农产品质量安全的影响

1. 农产品质量对健康的影响 “民以食为天，食以安为先”，食物是人类赖以生存和发展的基本物质条件，也是国家安定、人民幸福的根本要求。农产品来源于动物和植物，受各种污染的机会很多，其污染的方式、来源和途径是多方面的，在生产、加工、运输、储藏、销售、烹饪等各环节均可能出现污染，污染的农产品会对人体健康和生命安全产生危害，严重的可能会导致肝肾损伤、肿瘤、胎儿先天畸形等。

2. 农产品质量对经济可持续发展的影响 现在农产品市场竞争是质量与品牌的竞争。发展现代农业，必须走品牌之路。农产品品牌由两个方面构成：一是优质，要求可观、可食、营养丰富；二是安全，要求无污染健康。因此，农产品质量安全关乎农业的可持续发展。

3. 农产品质量对国际贸易的影响 世界农产品市场竞争的一个重要特征是以质量和技术含量为主的全方位竞争。农产品质量安全是目前国际市场四大技术性贸易壁垒最重要的部分，四大壁垒主要包括：①动植物卫生检疫标准；②围绕农产品质量安全建立产品质量技术标准，以及标签和包装；③环境保护和动物福利；④新技术发展过程中产生的安全问题。这4个方面都涉及农产品质量安全问题，已经成为我国农产品走出国门最大的障碍。

二、农产品质量安全源头

1. 地域环境 种养所处地域环境因素包括空气质量、水体质量、土壤质量等，

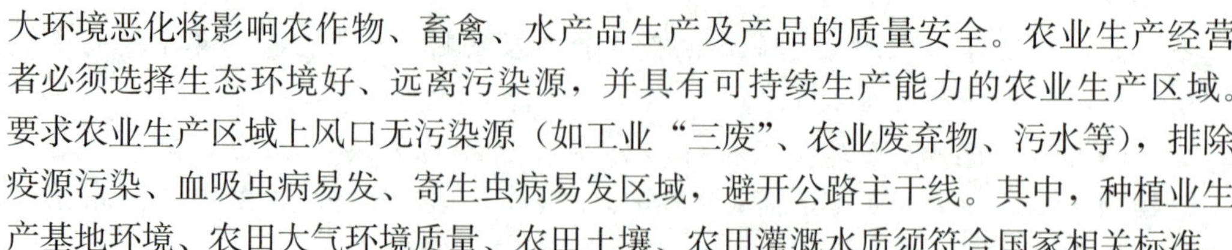

大环境恶化将影响农作物、畜禽、水产品生产及产品的质量安全。农业生产经营者必须选择生态环境好、远离污染源，并具有可持续生产能力的农业生产区域。要求农业生产区域上风口无污染源（如工业“三废”、农业废弃物、污水等），排除疫源污染、血吸虫病易发、寄生虫病易发区域，避开公路主干线。其中，种植业生产基地环境、农田大气环境质量、农田土壤、农田灌溉水质须符合国家相关标准。

2. 品种选择 应根据当地自然条件、市场需求和优势区域规划选择优良品种。如在选择农作物品种时，除了优质高产外，还应对当地的主要病虫害具有抗性或耐受性；在选择畜禽品种时，首先要考虑当地自然环境是否适宜，还要考虑品种防病能力；在选择水产品品种时，则要充分考虑产品对水体的适应性。

3. 农业生产投入品 农作物施肥坚持“有机肥为主、化肥为辅；施足基肥，合理追肥”的原则，同时做到科学配比和平衡施肥，不用禁止和限制使用的肥料。在畜禽、水产品养殖过程中，严禁使用变质、霉变的饲料，严禁使用污染或农药残留超标的饮水、饲草、饲料，防止畜禽、水产品中毒或死亡，避免有害成分在动物机体内积聚，从而危害人们的健康。饲料中不得添加或使用国家明文禁止使用的激素、兴奋剂、防腐剂。在畜禽、水产品诊疗中，不得使用国家明文规定、颁布的违禁药品或含有相关成分的药品。应规范使用可以使用和添加的药品，控制抗生素的滥用，遵守休药期。

读一读

“壹号土猪”的故事

民以食为天，食以安为重。百姓对猪肉消费的观念正在由以往的单纯数量消费逐渐转变为品质消费，“壹号土猪”一上市就找到了准确的市场切入点。公司将更高的技术含量注入整个养殖供应链，真正实现“三土”养殖：一是土猪种，用陆川猪与太湖土猪进行二元杂交，选育出优质的土猪种；二是土饲料，农户采用传统的喂养方式，以番薯苗、玉米、米糠、麦皮等为饲料，分阶段饲养；三是土养殖方法，由农户在公司的农产品产地进行野外放养，产地均为环境优美、空气清新、无工业污染的果园以及山坡地，“壹号土猪”活动空间大，运动能量消耗大，生长速度缓慢，出栏时间在1年左右。产地有严格的卫生消毒防疫制度，种苗、饲料、兽药均由公司提供，在饲养过程中的每一个生长阶段，公司都安排专业的兽医、营养师、保育员在现场进行监督和指导，确保饲养出来的壹号土猪无农残、药残、激素残留等，为“壹号土猪”热鲜肉提供质量可靠的原材料。此外，“壹号土猪”养殖过程中产生的污水、污物全部由公司进行无害化处理，变废为肥，返还于田，保持和维护了生态环境平衡。“壹号土猪”养殖以创造社会效益为宗旨，在追求经济效益的同时，也顾及了生态效益。

【启示】

“壹号土猪”之所以能成为国内知名的猪肉品牌，与其优质的产品质量息息相关，品种、农业投入品、生长环境及种养方式是高品质的重要因素。

4. 病虫害及疫病防治 农作物病虫害防治应利用简单工具和各种物理因素，如光、热、电、温度、湿度、放射能和声波等，通过升高或降低温、湿度，使周围环境超出病虫害的适应范围；设置防虫网、果实套袋等；利用有益生物或生物的代谢产物控制有害生物种群数量，如稻田养鸭不仅可以防治稻田中的稻飞虱、稻叶蝉等害虫，鸭子还可取食草籽和根茎，控制草害；使用由微生物产生的抗生素开发生产的杀菌剂、杀虫剂，如井冈霉素、多抗霉素等。

为降低畜禽、水产品疫病的产生，应选择或营造良好的生产环境，如猪圈卫生环境良好、水质优良，同时，要根据不同品类、不同生长阶段、不同生产用途对环境和营养等条件的需求，科学规范养殖管理；适时对畜禽、水产品开展免疫处理，提高免疫能力；诊疗科学规范，严禁使用国家明文规定的含有违禁使用成分的药物，严禁滥用抗生素。

5. 监管工作 提高农产品生产及产品的安全，要对整个生产过程进行监管，对农产品品质进行认定和认证，达到相应标准条件要求的方可生产和推广。加强对饲草、饲料、添加剂、兽医的监管，确保生产过程安全。

任务二　农产品流通质量保证

农产品流通环节肩负着阻止不合格产品进入、杜绝存在质量安全问题的农产品输出的重任，是农产品质量安全保障的关键环节。农产品流通环节包括农产品的加工、包装、运输和贮存等，是农产品产需衔接的必要途径。

一、农产品流通加工安全

农产品加工是用物理、化学和生物学的方法，将农产品制成各种食品或其他用品的一种生产活动。农产品加工可以缩减农产品的体积和重量，便于运输，可以使易腐的农产品变得不易腐败，保证品质不变，确保市场供应。农产品流通加工应注意以下几点：

1. 加工场所 新建、扩建、改建的安全食品企业除了应符合《食品企业通用卫生规范》的要求外，还应按照卫生标准操作规范（SSOP）和GMP要求进行选址和设计。加工场所应保持环境整洁，与有毒、有害场所及其他污染源保持规定的距离，如厂区不得设在易受污染的地区，不得有产生不良气味、有害物质，不得饲养与生产无关的动物。

2. 加工设施和设备 农产品加工一定要有相应的消毒、更衣、盥洗、采光、照明、通风、防腐、防尘、防蝇、防鼠、防虫、洗涤以及处理废水、存放垃圾和废弃物的设备或设施，如接触食品物料的设备、工具、管道必须用无毒、无味、抗腐蚀、不吸水、不变形、可重复清洗和消毒的材料制作，并符合国家强制性标准的规定。

3. 设备布局和工艺流程 农产品加工场所要具有合理的设备布局和工艺流程，防止待加工农产品与直接入口的农产品、原料和成品交叉污染，避免农产品接触有毒物、不洁物。

4. 加工人员要求 农产品生产经营人员应当保持个人卫生，将手洗净，穿戴清洁的工作衣、帽等。

5. 清洗液要求 农产品清洗使用的洗涤剂、消毒剂应对人体安全、无害。

读一读

法国问题奶粉

2017年8月，法国乳业巨头拉克利斯集团拉克塔利斯内部检测发现克朗市的工厂被沙门氏菌污染，但没有向政府机构报告；9月中旬，政府机构检查员没有在那家工厂发现沙门氏菌，还给工厂发放了卫生状况良好证明。2017年8—12月，法国35名平均年龄4个月的婴儿食用拉克塔利斯问题奶粉后，出现严重腹泻、腹部绞痛、呕吐症状，经医疗机构检测确认感染了沙门氏菌，数以百计的受害家庭状告拉克塔利斯。2018年1月，拉克利斯集团首席执行官宣布从80多个国家召回超过1 200万箱奶粉。

（资料来源：佚名．法企将从80多国召回1 200万箱奶粉．http://www.sohu.com/a/216690136_114988，2018-01-15.）

【启示】

启示：在农产品加工、流通环节，要严格控制质量，杜绝二次污染。

二、农产品包装安全

1. 包装物 农产品包装物或标识上应当按照规定标明产品的品名、产地、生产者、生产日期、保质期、产品质量等级等内容，使用添加剂的，还应当按照规定标明添加剂的名称。

2. 包装投入品 农产品在包装、保鲜、储存、运输中所使用的保鲜剂、防腐剂、添加剂等材料应当符合国家有关强制性技术规范。

3. 检疫产品包装 依法需要实施检疫的动植物及其产品应当附具检疫合格标志、检疫合格证明。

4. 农产品认证标志使用 农产品质量符合国家规定的有关优质农产品标准的，生产者可以申请使用相应的农产品质量标志。

三、农产品储运安全

（一）储存安全

1. 常规储存 适宜含水分较少的干性耐储农产品的储存，如粮食类的储藏。采用这种储存方式应注意两点：一是要通风，二是储存时间不宜过长。

2. 窖窑储存 其特点是储存环境氧气稀薄，二氧化碳浓度较高，能抑制微生物活动和各种害虫的繁殖。这种方式较适宜对植物类鲜活农产品进行较长时间的储存，如冬储大白菜、萝卜、马铃薯、大葱等。

3. 冷库储存 冷库储存能够延缓微生物的活动，抑制酶的活性，以减弱农产品在储存时的生理化学变化，保持其应有品质。如肉类产品的储存。

4. 干燥储存 干燥有自然干燥和人工干燥两种。干燥的目的是降低储存环境和农产品本身的湿度，以抑制微生物生长繁殖的条件，防止农产品发霉变质。

5. 气调储存 气调储存通过调整、控制食品储藏环境的气体成分和比例以及环境的温度与湿度，抑制引起食品本身劣变的生理生化过程或抑制作用于食品的微生物活动，来延长食品的贮藏寿命和货架期。这种方式适宜各种农产品，尤其是鲜活农产品，如果品、蔬菜等。

（二）运输安全

为保证易腐农产品运输安全，在农产品运输过程中要针对不同品类采取相应的温度和湿度控制。

1. 肉类运输 必须用防腐支架装载运输的胴体，以悬挂式运输。在运输途中，车、船内应保持 0～5 ℃的温度，80%～90%的相对湿度；车、船内表面与肉类接触部分必须用防腐材料制成，避免改变肉品的理化特性或危害人体健康；防止肉品与昆虫、灰尘接触，且要防水。

2. 水产品运输

（1）干运。用水将鱼虾冷却到暂停生命活动的温度，然后脱水运输，到达目的地，再将鱼虾放入水中，使其苏醒过来。在脱水状态下，生命可维持 24 小时。目前，大闸蟹运输采用捆扎加冰壶放置于保温容器中的方法，生命可维持 48 小时左右。

（2）湿运。湿运包括淋水运输、帆布桶运输、塑料袋包装运输、冷冻运输。运输活鱼时，需要途中换水或补充氧气。

四、流通环节保障农产品质量的安全措施

1. 明确监督管理职责 明确批发市场、大型超市、农贸市场、专卖店等流通环节的食用农产品质量安全，监管部门要强化对市场的监管，做到监管流程清晰、顺畅、有效，监管不留空白。要按照“谁主办、谁负责”的原则，认真落实市场主办者的主体责任。各层次管理的责任要明确到人，强化检查考核，实行责任追究制。

2. 加强批零环节的食用农产品检测 要迅速在全国大中城市农产品生产基地、批发市场、农贸市场开展农药残留、兽药残留等有毒有害物质残留检测，推广速测技术，充分发挥基地检测、市场速测、定点抽检等手段，严把市场准入关口。以适当的方式公布检测结果，确保消费者的知情权和监督权。

3. 严格食用农产品的市场准入制度，建立食用农产品追溯制度 实行食用农产品市场准入制是发达国家的通行做法，也是国内农产品质量管理的必然趋势。建立索证、索票制度，不允许未经认证、检测或检测不合格的农产品上市流通。实行认证产品的分区销售制度，推进场厂挂钩、场地挂钩。

农产品加工流通过程中的质量管理体系及标准主要有 ISO9000、GMP、SSOP、ISO22000、危害分析的临界控制点（HACCP）等，农业生产经营者一定要对照标准，保证农产品质量。

任务三　农产品质量认证

一、农产品质量认证的类型

（一）产品认证

1. 食品企业生产许可（QS）认证 QS 为强制性的食品质量安全认证，只

有获得该认证的食品才能进入市场销售。QS认证现在已经逐步被食品生产许可（SC）认证取代。

2. SC认证 食品生产许可证编号由SC（“生产”的汉语拼音字母缩写）和14位阿拉伯数字组成，数字从左至右依次为3位食品类别编码、2位省（自治区、直辖市）代码、2位市（地）代码、2位县（区）代码、4位顺序码、1位校验码（图5-1）。

3. 食用农产品合格证 食用农产品合格证是食用农产品生产经营者对所生产经营食用农产品自行开具的质量安全合格证标识。食用农产品合格证视同于产地证明、购货凭证和合格证明文件（图5-2）。

图5-1 SC认证

LOGO
浙江省食用农产品合格证
（样张）
产品名称：
重（数）量：
生产主体：
联系电话：
开具日期： 年 月 日
安全保障：□自检合格 □委托检测合格 □质量控制合格 □自我承诺合格

图5-2 食用农产品合格证

4. 绿色食品认证 绿色食品指遵循可持续发展原则，按照特定生产方式生产，经专门机构认定，许可使用绿色食品标志的且无污染的安全、优质、营养类食品。凡具有绿色食品生产条件的国内企业均可按程序申请绿色食品认证，境外企业另行规定。绿色食品标准是由农业农村部发布的推荐性农业行业标准（NY/T），是绿色食品生产企业必须遵照执行的标准（图5-3）。

5. 有机食品认证 有机食品是指来自有机农业生产体系，根据有机农业生产要求和相应标准生产加工，并且通过合法、独立的有机食品认证机构认证的农副产品及其加工品。有机食品的国家标准目前有《有机食品认证规范》，以及中国国家认证认可监督管理委员会（以下简称“国家认监委”）正式发布实施的《有机产品国家标准》，该标准也是中国有机产品生产、经营、认证实施的唯一标准。

在中国认证业务开展的同时，很多国外的认证机构也进入中国市场，通过各种方式在华开展业务，如德国德米特认证（Demeter）、国际有机作物改良协会有机认证（OCIA）、欧盟有机认证（ECOCERT）、瑞士 IMO 有机认证、德国 BCS 有机认证、日本 Jas 有机认证等。这些国际的认证机构可以受理美国、日本等国家标准的认证（图 5-4）。

图 5-3　绿色食品标志

图 5-4　有机食品标志

6. IP 认证　IP（Identity Preservation Certification）认证是按照特定标准对企业为保存产品的特定身份（如转基因身份）而建立的保证体系进行审核、发证的过程。

读一读

《食品生产许可管理办法》——“QS 认证”即将被“SC”取代

2015 年 10 月 1 日起，《食品生产许可管理办法》与《中华人民共和国食品安全法》同步实施，明确规定食品生产许可证编号将由 SC（“生产”的汉语拼音字母缩写）开头，意味着被大家广为熟知的“QS 认证”即将退出历史舞台。

个体工商户也可申办“食品生产许可证”

在此之前，食品生产许可申请必须以企业组织的形式提交，个体工商户不能申请食品生产许可证。《食品生产许可管理办法》中明确规定，企业法人、合伙企业、个人独资企业、个体工商户等以营业执照载明的主体可作为食品生产许可的申请人。本次调整放宽了食品生产的市场准入条件，只要场所和环境、人员和制度、设施与设备、环境与卫生等满足申办要求，即可申请食品生产许可。

“一类别一证书”将变为“一企业一证书”

食品实行分类管理，《食品生产许可管理办法》实施后，食品类别将由

28 大类增至 31 大类，将保健食品、特殊医学用途配方食品、婴幼儿配方食品三大类纳入食品管理范围，并首次将食品添加剂列入食品生产管理，规范并细化了对食品添加剂的生产监控。目前，很多大型企业持有三五张证书，今后，食品生产许可实行“一企一证”原则，不仅方便了企业，也方便了日常监管。

许可有效期延至 5 年，证书成为“明白纸”

《食品生产许可管理办法》规定，食品生产许可证编号由 SC（“生产”的汉语拼音字母缩写）和 14 位阿拉伯数字组成，有效期从 3 年延长至 5 年。许可证载明的事项增多，除了企业的基本信息，还增加了社会信用代码（个体生产者为身份证号码）、日常监管机构、日常监管人员、投诉举报电话、签发人、二维码等信息，副本还要载明食品明细和外设仓库地址。

许可期限缩短至 20 个工作日，换证或不再现场核查

食品生产许可期限由 60 日缩短至 20 个工作日，原来 2 个月才能办完，以后不到 1 个月就可以拿到证书了。此外，现场检查时不再当场抽样，只需企业提供试制样品的产品合格检验报告，为企业节省了大量的时间。取得证书后，原本需要在有效期届满前 6 个月向发证机关提出申请，今后只要提前 30 个工作日提出延续申请即可。申请人声明生产条件未发生变化的，发证机关可不再进行现场检查，这极大减轻了企业的负担，简化了许可程序。

未来三年，“QS”还会继续存在

按照新规定，新获证及换证食品生产者应当在食品包装或者标签上标注新的食品生产许可证编号，不再标注“QS”标志，不过，这并不意味着现在在超市里就看不到“QS”标志了，这个陪伴市民多年的蓝色 QS 标志并非一下子消失，而是逐渐隐退。

《食品生产许可管理办法》给予企业最长不超过 3 年的过渡期，即 2018 年 10 月 1 日前，食品生产企业可继续使用原包装和产品标签。未来 3 年甚至更长一点的时间，市场上的食品包装会有一段两个标志并存的时间。

（资料来源：佚名．“QS 认证”即将被“SC”取代——《食品生产许可管理办法》下月起实行．https：//www.tech-food.com/kndata/detail/k0182517.htm，2015 - 09 - 22.）

（二）质量体系认证

1. ISO ISO标准是国际通行的质量管理标准，其质量认证原理被世界贸易组织普遍接受。1994年，中国宣布等同采用，由国家质量技术监督局依法统一管理中国质量体系认证工作。

2. GMP认证 世界卫生组织将GMP定义为指导食物、药品、医疗产品生产和质量管理的法规。GMP是一套适用于制药、食品等行业的强制性标准，要求企业在原料、人员、设施设备、生产过程、包装运输、质量控制等方面按国家有关法规达到卫生质量要求，形成一套可操作的作业规范。简要地说，GMP要求制药、食品等生产企业具备良好的生产设备、合理的生产过程、完善的质量管理和严格的检测系统，确保最终产品质量（包括食品安全卫生）符合法规要求。

3. HACCP HACCP确保食品在生产、加工、制造、准备和食用等过程中的安全，在危害识别、评价和控制方面是一种科学、合理和系统的方法。通过对加工过程的每一步进行监视和控制，降低危害发生的概率。在HACCP管理体系原则指导下，食品安全被融入设计的过程中，而不是传统意义上的最终产品检测。中国HACCP认证工作由国家认监委统一管理（图5－5）。

图5－5 HACCP认证

（三）农产品地理标志认证

农产品地理标志是指标示农产品来源于特定地域，产品品质和相关特征主要取决于自然生态环境和历史人文因素，并以地域名称冠名的特有农产品标志。根据《农产品地理标志管理办法》规定，农业农村部负责全国农产品地理标志的登记工作，农业农村部农产品质量安全中心负责农产品地理标志登记的审查和专家评审工作。省级人民政府农业行政主管部门负责本行政区域内农产品地理标志登记申请的受理和初审工作。农业农村部设立的农产品地理标志登记专家评审委员会负责专家评审（图5－6）。

图5－6 农产品地理标志登记证书

二、农产品质量认证程序

（一）开具食用农产品合格证

根据《食用农产品合格证管理办法（试行）》规定，生产经营者要采取自检、委托检测、内部质量控制、自我承诺等方式之一作为开具合格证的依据，确保其生产经营食用农产品的质量安全，对合格证的真实性负责。以下证明材料可视同合格证：绿色食品、有机农产品及地理标志农产品等有效期内的认证证书，有效的食用农产品质量安全追溯标签，肉品品质检验合格证章。合格证应至少包括以下内容：①产品名称和重量；②食用农产品生产经营者信息（名称、地址、联系方式）；③确保合格的方式；④食用农产品生产经营者盖章或签名；⑤开具日期。

（二）绿色食品产地认证

绿色食品标准以全程质量控制为核心，由环境质量标准、生产技术标准、产品标准、包装标签标准、贮藏运输标准、“绿色食品生产资料”认定标准、“绿色食品生产基地”认定标准等构成。

首先，申请者向中国绿色食品发展中心或所在省、市、区绿色食品办公室领取“绿色食品基地申请书”，按要求填写后，报当地省、市、区绿色食品办公室。

其次，由省、市、区绿色食品办公室派专人赴申请单位实地考察，核实生产规模、管理、环境及质量控制情况，写出考察报告。

再次，中国绿色食品发展中心根据需要，派专人赴申请材料合格的单位实地考察。

最后，绿色食品基地自批准之日起 6 年有效。期满要求继续作为绿色食品基地的，须在有效期满前半年内重新提出申请，否则视为自动放弃“绿色食品基地”名称。

（三）有机食品产地认定

从事农产品生产的单位和个人可向国家环境保护总局有机食品发展中心（简称中心或 OFDC）索取申请表。申请人将填好的申请表传回中心，中心根据申请表所反映的情况决定是否受理。若同意受理，则书面通知申请人。申请人向中心交纳申请费后，中心将全套调查表及有关资料寄给申请人。申请人将填好的调查表寄回中心，中心将对返回的调查表进行审查，若未发现有明显违反有机食品颁证标准的行为，将与申请人签订审查协议。检查员将现场检查情况写成正式报告报送 OFDC 颁证委员会。颁证委员会定期召开会议，对检查员提交的检查报告及相关材料依照有关程序和规范进行评审，并写出评审意见。

1. 有机食品生产要求

（1）生产基地在近 3 年内未使用过农药、化肥等禁用物质。

（2）种子或种苗未经基因工程技术改造。

（3）生产基地应建立长期的土地培肥、植物保护、作物轮作和畜禽养殖计划。

（4）生产基地无水土流失、风蚀及其他环境问题；作物在收获、清洁、干燥、贮存和运输过程中应避免污染。

（5）在生产和流通过程中，必须有完善的质量控制和跟踪审查体系，并有完整的生产和销售记录档案。

2. 有机食品的加工要求

（1）原料来自获得有机认证的产品和野生（天然）产品。

（2）获得有机认证的原料在最终产品中所占的比例不少于 95%。

（3）只允许使用天然的调料、色素和香料等辅助原料以及有机认证标准中允许使用的物质，不允许使用人工合成的添加剂。

（4）有机产品在生产、加工、贮存和运输的过程中应避免污染。

（5）加工和贸易全过程必须有完整的档案记录，包括相应的票据。

（四）农产品地理标志认定的流程

1. 申请条件

（1）申请地理标志登记的农产品应当符合下列条件：①称谓由地理区域名称和农产品通用名称构成；②产品有独特的品质特性或者特定的生产方式；③产品品质和特色主要取决于独特的自然生态环境和人文历史因素；④产品有限定的生产区域范围；⑤产地环境、产品质量符合国家强制性技术规范要求。

（2）农产品地理标志登记申请人应当符合以下条件：①具有监督和管理农产品地理标志及其产品的能力；②具有为地理标志农产品生产、加工、营销提供指导服务的能力；③具有独立承担民事责任的能力。

2. 申请材料　农产品地理标志登记应提交下列申请材料：

①登记申请书；②申请人资质证明；③产品典型特征特性描述和相应产品品质鉴定报告；④产地环境条件、生产技术规范和产品质量安全技术规范；⑤地域范围确定性文件和生产地域分布图；⑥产品实物样品或样品图片；⑦其他必要的说明性或证明性材料。

读一读

2015年10月，张国庆正在稻田里补种紫云英。拨开尺把长的稻茬，紫云英已经露出了嫩苗，信阳正在通过种植紫云英改变土壤，进而改变大米的品质。稻子收后撒播紫云英种子，来年长成后可沤制成绿肥，用了绿肥的稻田，一亩地可以少用25千克尿素。紫云英含量有丰富的氮、磷、钾、硒，用紫云英有机绿肥种植出来的稻谷，出米率比普通稻子高出3%～5%，大米的味道更筋道。

（资料来源：佚名．紫云英改造信阳稻有机米嚼着更筋道．http://news.cnhnb.com/rdzx/detail/41615/，2016-05-19.）

【启示】

农产品质量认证需要把优质农产品产出来，把农产品质量安全管出来，把地方品牌树起来。

任务四　农产品质量追溯

一、农产品追溯概述

1. 农产品追溯系统的概念　农产品质量安全及管理溯源系统又称农产品溯源系统、农产品追溯系统，该系统围绕“从农田到餐桌”的安全管理理念，综合运用多种网络及条码识别等前沿技术，具有生产企业（基地等）及农产品生产档案（产地环境、生产流程、质量检测）管理、检测数据（企业自检、检测中心抽检）管理、条形码标签设计和打印、基于网站和手机短信平台的质量安全溯源等功能，实现了对农业生产、流通等环节信息的溯源管理，为政府部门提供了监督、管理、支持和决策的依据，为企业建立了包含生产、物流、销售的可信流通体系。农产品追溯体系的建设最主要的就是“一个中心和三大模块”，即一个追溯云端数据中心，生产者、监管部门和消费者三大模块。结合大数据、云计算以及物联网技术搭建一个云数据处理中心，可以把生产者、监管部门以及消费者连接起来。

2. 农产品追溯系统的特点

（1）可记录农业生产过程中的生产信息，包括产地环境、生产流程、病虫害防治、质量检测等。

（2）可将携带农产品信息的射频识别（RFID）标签的内容转换成含有农产品信息的一维或二维条码标签，保证信息链的流通（图5-7）。

图5-7　农产品信息追溯展示范例

二、农产品追溯的类型

1. 生产追溯　为保证农产品源头安全，建设生产追溯是基础，针对不同地区、不同发展水平，可以采用以下模式：

（1）参与式保障体系（PGS）。参与式保障体系方案着重于小农户认证和直接销售，为更多低收入消费者提供有机产品，鼓励消费者和利益相关者的参与和管理。不像第三方认证特别强调详细的书面文件数据，参与式保障体系认证程序更加灵活，直接成本较低，因此其包容性更大，更适应当地的社会背景，可在当地销售更多的产品。

（2）社区支援农业（CSA）。CSA指社区的每个人对农场运作做出承诺，让农场可以在法律上和精神上成为该社区的农场，让农民与消费者互相支持并承担农业生产的风险和分享利益。这是一种城乡社区相互支持，发展本地生产、本地消费的小区域经济合作方式。在这种合作的基础上，CSA一方面看重在保育生态及资源下共同承担、相互分享的社区关系，看重社区中情感及文化的传递，另一方面，往往会推行健康农作法以及包括身、心、灵在内的整合的健康观念。

（3）农盟保障体系（24AG）。农盟保障体系突破了参与式保障体系只针对本地利益相关者的局限，且在技术可执行性、操作灵活性，以及C2F2C方式（从消费者到农场主，再从农场主回到消费者手中）的耦合、互动、协调方面都具有开创性。农盟保障体系以网络技术强化24小时无间断展示农业的全过程，全天候接受消费者的监督，让消费者亲见农产品生产、加工和运输的全过程，真正净化农产品生产源头，彻底实现从土地到餐桌的无缝对接。

2. 供应链管理　参与式保障体系下的农产品生产为食品质量安全追溯系统的初始原料提供了保障，由此我们才能制订食品追溯方案，设计加工流程，进行供应链管理，完成食品追溯系统的建设。

（1）加工生产追溯设计。在食品加工企业将农产品原材料入库时，读取二维码，取得农产品原产地、生产者、种苗基因、生产台账（饲料、农药、化肥等）、日期和期限等信息，在生产中按照生产配方，把各个批次进行称重、分包，粘贴二维码，开始指示加工，生成生产原始数据，使得产品、原材料追踪成为可能，并提供数据库查询，向消费者公布产品的原材料信息，随时应对质疑，保证有效溯源的控制和召回。RFID射电码可追溯养殖与加工业的疫病与污染，杜绝滥用药物和超标使用添加剂，改变以往对食品质量安全管理只侧重于生产后的控制而忽视生产中预防控制的现象，完善食品加工技术规程、卫生规范以及生产中认证的标准。农盟保障体系特别规定了种苗耳标标准，弥补了种苗基因回溯的缺失。

在数据中心设立可视的关键监测节点（包括种植和养殖场节点、生产与加工线节点、仓储与配送节点、消费节点等），并实现各节点的数据采集和连接，实现企业内部生产过程的安全控制和流通环节追溯的对接。管理平台由中间件支撑，连接硬件和应用程序，实现不同节点上的各种RFID设备与软件协同运行（包括信息传递、解译数据、安全性、数据广播、错误恢复、定位网络资源、找出符合成本的路径、消息与要求的优先次序等服务），以便操纵控制RFID读写设备按照预定的方式工作，保证不同读写设备之间配合协调，并按照一定规则过滤数据，筛除冗余。

（2）供应链管理追溯设计。供应链管理把生产过程、库存系统和供应商产生的数据合并在一起，从一个统一的视角展示产品制造过程的各种影响因素，是对供需、采购、市场、生产、库存、订单、分销、发货等的全程管理。管理模块以运营中心为轴心，集中管理信息流，负责门店和仓库模块的单据汇总，上报审核并传递执行，实现高效物流和资金流管理。它把各种资源整合集成管理，集网络进销存、POS扫描、产品跟踪、会员储值等功能为一体，免盘库、随时查询，方便物流和资金流的管控。从进销存、往来业务、账务管理、经营分析、POS销售、折扣卡、储值卡的会员管理，到终端和生产企业预留相应接口、高效管理客情关系、锁定消费，实现进销存账务分析商务一体化和动态服务管理。

3. 追溯系统 农盟农产品追溯系统遵循全球统一编码标识系统（GS1）的条码规则，把养殖RFID射电识别耳标、产品唯一码、产品相关视频监控、图片等信息与企业上下游供应链系统整合对接，使消费者在终端即可进行供应链全程回溯，包括产地环境、仔苗（种苗）基因、饲料（农资）配给、防疫检疫（植保检疫）、屠宰加工、胴体分割、冷链运输等。在整个食品生产、加工、流通、销售过程中，最大限度地提供产品信息的广度、可追溯信息（向前和向后）的长度、确定问题产生的根源或产品特性的准确性程度，做到 24 小时无间断展示农作的全过程，实现从土地到餐桌的无缝对接。它集成整个供应链的全程商务活动，实现一体化动态实时管理，让消费者亲见农产品生产、加工和运输全程，吃得放心，最终解决食品安全问题。

读一读

文朗润诚农产品质量安全追溯系统利用 RFID 无线射频技术，及时采集上传农产品从生长到销售各环节的农产品质量安全数据，为消费者提供及时的农产品质量安全追溯查询服务，为农牧部门提供有效的农产品质量安全监督管理机制和手段。应用功能模块包括物料管理、生产控制管理、仓储管理、发运管理、客户管理、综合查询（含追溯查询和产品流向查询），其系统流程如图 5－8 所示：

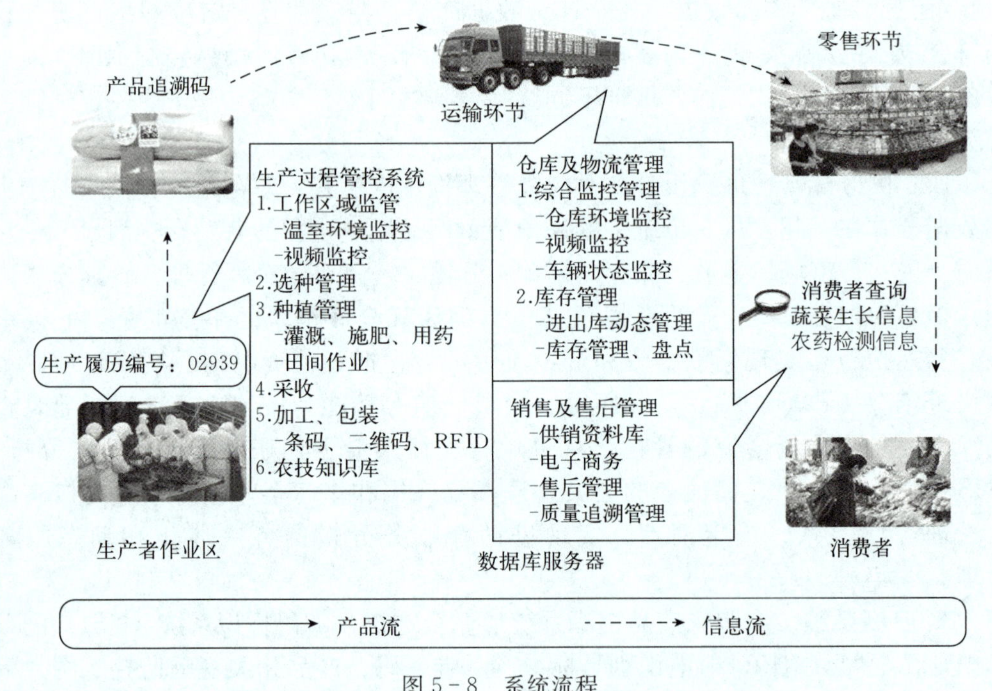

图 5－8　系统流程

（资料来源：佚名．农业养殖业产品安全追溯系统．http：//www.ny135.com/buy/show.php？itemid＝3，2016－04－06.）

【案例】

河北遵化编织农产品质量安全网

随着消费者对“吃”的关注度越来越高，食品安全第一道关口——农产品质量安全也备受瞩目。大数据的出现使得农产品有了自己的“身份证”，犹如给消费者吃下一个“定心丸”。河北省遵化市借助大数据之手，铺开了一张农产品质量安全追溯网，构筑“从田野到餐桌”的食品安全防线，向消费者传递合格、信任和美誉等积极信号，促进农业供给侧改革提速。其主要做法如下：

一是加强基层农产品质量安全监管。遵化市与中国政府大数据资产运营商——九次方大数据信息集团有限公司正式合资成立河北溯源大数据信息技术有限公司，力推基地生产标准化、质量监管全程化、产品追溯系统化，发挥好大数据这一现代农业新型资源要素的重要作用。

二是打造农产品溯源大数据示范工程。通过平台软件服务模式、数据运营服务模式和定制化服务模式，吸引大数据产业链公司落户遵化。遵化市农产品质量安全监管与溯源服务大数据平台是示范工程的核心，利用溯源码的唯一性和相关加密技术，实现农产品种植基地、用药施肥、田间操作、生产加工、销售流通、监督检验、终端消费等全过程监管。平台可以服务政府、农产品生产加工企业、种植基地及消费者。

（资料来源：九次方．河北遵化农产品溯源大数据平台编织农产品质量安全网．http：//www.sohu.com/a/202875237_100054387，2017-11-07.）

【启示】

农产品溯源大数据平台实现从“田间到餐桌”的全产业链数据采集与追踪，为消费者提供透明、高效的信息渠道，实现透明消费、放心消费。

模块小结

围绕提高农产品质量安全，本模块主要介绍了影响农产品质量安全的源头问题、种养方式问题和流通污染等问题，以此降低农产品质量安全风险。优质农产品推广需要让消费者信服，农产品证书是最好的证明，农产品认证有一定要求和程序。农产品质量追溯系统通过现代技术，将生产者、监管部门以及消费者连接起来，农产品生产经营者要全程参与。通过本模块的学习，要求学员了解影响农

产品质量的主要因素，掌握解决生产与流通过程中农产品质量安全的方法，熟悉农产品品质认证流程，了解农产品质量追溯系统的运用。

思考题

1. 为保证农产品质量安全，针对生产与流通环节，企业和政府应该充当什么角色，采取哪些措施？

2. 农产品质量认证申请步骤有哪些？企业需要做点什么？

3. 农业企业为支持农产品溯源大数据平台运作，需要采取什么行动？

项目训练

1. 编制一份农作物或畜禽或水产品生产流通质量策划书。

2. 制订一份农产品质量认证行动方案。

3. 编制一份产品源头数据采集要素表。

模块六

农业企业营销管理

学习目标

通过本模块的学习，理解和掌握农产品市场细分与定位的方法和步骤、农产品市场调查的含义和步骤，认知农产品品牌建设的三要素，培养农业企业家为农产品选择合适的营销方式的能力。

主要内容

随着农村经济的快速发展，农产品日益丰富，营销方法在市场流通中起到越来越重要的作用，而市场在不停变化，农产品营销的方法也不可避免地要不断推陈出新。本模块重点介绍了如何进行农产品市场调查与预测，细分市场与产品定位，如何进行农产品品牌建设与营销管理，从中你将学到农业企业营销管理的知识。

【案例导入】

"褚橙"——讲好品牌故事身价十倍

"褚橙"被称为农业奇迹，是中国第一个企业品牌性农产品，创造了农产品单品销售奇迹，让国产冰糖橙打败了进口橙，成为中国最知名的农产品电商品牌之一。2008年以前，这个品种的冰糖橙在云南的收购价只是几毛钱一斤[①]，在杭州地区的售价约5元/千克，销量很平淡。随着王石、潘石屹等知名人士在微博上的力捧，"褚橙"的传奇故事引爆公众话题，并被誉为"励志橙"。目前，"褚橙"的市场售价为138～168元/箱（5千克），而且不愁销路。

① 斤为非法定计量单位，1斤=0.5千克。——编者注

一枚精心包装的冰糖橙和一位洞悉商业智慧的营销天才巧妙地描述了一个切合时代脉搏的励志故事，85 岁的老人在跌倒之后选择二次创业并最终取得成功。这个故事的背后，是农产品品牌与营销的一种创新。讲故事可以让购买者感受到品牌的温度。人生总有起落，精神终可传承……其中，励志、不服输的精神、创新精神、工匠精神等恰恰是这个时代需要的精神。"褚橙"的问世与消费者内心的渴望和认可巧妙碰撞，从而占领了消费者内心。

褚时健是当年烟草行业炙手可热的风云人物，之后陷入人生最低谷，不仅失去了所有光鲜的一切，还失去了亲爱的女儿。他 75 岁独自上山种橙创业，85 岁迎来了人生的第二次辉煌，登上脐橙业的顶峰。这是怎样一曲惊天地、泣鬼神的人生赞歌，难怪"人生总有起落，精神终可传承"品牌广告语引起众多企业家和创业者的强烈共鸣。如今，大家早已忘记褚时健的橙子是"云冠橙"，而直接称其为"褚橙""励志橙"。

想一想？

1. "褚橙"销售为什么会大获成功？
2. 品牌对于农产品有什么作用？
3. 你现在购买农产品的渠道有哪些？

任务一　农产品市场调查与预测

一、农产品市场调查

（一）农产品市场调查的含义

农产品市场调查是农业企业以营销管理和决策为目的，运用科学的方法，有计划地收集、整理、传递、存储和利用农产品市场有关信息的过程。通过市场调查，可以利用有关农产品市场营销中的历史、现状及发展趋势等方面的信息资料，提出解决问题的建议，为农业企业营销管理者制定有效的市场营销决策提供客观依据。

（二）农产品市场调查的内容

农产品市场调查的内容十分广泛，凡是影响市场营销的各种因素都可作为营销调查的内容。从企业的角度来说，调研的重点应放在农产品市场环境、农产品供给、消费者需求、农产品营销渠道与营销组合、农产品市场竞争者等几个方面。

1. 农产品市场环境调查 调查影响农产品营销的政治环境、经济环境和社会文化环境。政治环境包括政府颁布的与农产品营销有关的方针、政策、法规等；经济环境包括该地区的人口及其增长情况，国民生产总值和国民收入，各阶层居民的人均收入水平、消费水平、消费结构以及交通运输条件等；社会文化环境包括消费者的受教育程度和文化水平、职业构成、民族分布、宗教信仰和风俗习惯等。

2. 农产品供给调查 调查农产品生产量、存库量、调出与调入量、进出口数量等方面的历史与现状，农业生产规模及技术进步状况，农用生产资料供应及使用情况以及影响农业生产的气候条件等。

3. 消费者需求调研 顾客的需求应该是企业一切活动的中心和出发点，因而调查消费者或用户的需求就成为市场调查的重点内容。这方面的内容主要包括服务对象的人口总数或用户规模、人口结构或用户类型、购买力水平及购买规律、消费结构及变化趋势、购买动机及购买行为、购买习惯及潜在需求、对产品的改进意见及服务要求等。

读一读

“农产品＋网红直播＋电商平台”营销模式

互联网催生了很多新型经济模式，网红经济便是其中的一种。这里的网红可以是名人明星，可以是当红网络女主播，也可以是卖家自己打造的“村红”。

通过“网红直播＋电商平台”进行农产品营销的3个步骤为：第一，策划营销活动，并邀请网红参加。第二，需要网红在线直播自己对农产品的体验感觉，农产品是什么样的、什么味道的、自己觉得如何。第三，在电商平台，如淘宝、京东同步开始产品销售。

2016年5月24日，明星柳岩在阿里巴巴聚划算平台进行了一场直播，推荐了艺福堂蜂蜜柠檬片、楼兰蜜语枣夹核桃等商品。在1小时的时间里，柳岩以聚划算消费者的身份与网友分享自己的“剁手”经验，并亲自介绍这些商品。据统计，此次直播观看的人数接近12万人，直播结束后的产品页面显示，枣夹核桃卖出20 000多件，柠檬片卖出4 000多件。

（资料来源：义田农学院．互联网农业10大新玩法，让农产品身份翻50倍？你选哪种？https：//www.sohu.com/a/205716589_360122，2017-11-21.）

4. 农产品营销渠道调查 调查农产品营销渠道的利用情况，包括农产品价值运动和实体运动流经的各个环节，需要利用的中间商数目，各个中间商的资金实力、商业信誉及人员构成等。

5. 农产品营销组合调查

（1）产品调研。产品调研包括产品设计情况、产品生命周期、老产品改进与新产品开发等。

（2）价格调研。价格调研包括影响价格的相关因素、价格弹性、替代品、新产品定价等。

（3）促销调研。促销调研包括对各种促销手段、促销政策的可行性及效果等的调研。

（4）分销渠道调研。分销渠道调研包括对渠道选择的合理性、运输与储存的合理性等的调研。

6. 市场竞争者调查 随着市场竞争的日趋激烈，对竞争对手的调查了解显得越来越重要。对竞争对手的调研可以包括竞争对手数量及其分布、竞争对手的市场营销能力、竞争产品的特性及其市场占有率、竞争对手的优势与弱点、竞争对手的营销组合策略、竞争对手的营销战略及其效果、竞争的发展优势等。

（三）农产品市场调查的分类

根据调查的目的和功能，可以把农产品市场调查分成3种基本类型：探索性调查、描述性调查和因果性调查。

1. 探索性调查 探索性调查是为了使问题更明确而进行的小规模调查活动。这种调查特别有助于把一个大而模糊的问题表达为小而准确的子问题，并识别出需要进一步调研的信息。

2. 描述性调查 描述性调查如实描述问题的过去发展史和现状，寻求对“谁”“什么事情”“什么时候”“什么地点”这样一些问题的回答。比如，某商店了解到该店67%的顾客是年龄为18～44岁的妇女，她们经常带着家人、朋友一起来购物。这种描述性调查提供了重要的决策信息，使商店重视直接向妇女开展促销活动。

3. 因果性调查 因果性调查是调查一个因素的改变是否引起另一个因素改变的研究活动，目的是识别变量之间的因果关系及其相关程度。如预期价格、包装、广告费用等对销售额的影响。

（四）农产品市场调查的步骤

农产品市场调查的全过程可划分为准备阶段、调查阶段、研究阶段和总结阶段 4 个阶段，每个阶段又可分为若干具体步骤。

1. 准备阶段 为了保证市场调查的质量，必须充分、周到地做好一切准备工作。具体工作步骤包括以下内容：

（1）明确调查目的。明确调查目的是调查设计的首要问题。此部分要回答为什么要进行调查、调查要了解什么问题、了解这些问题后有什么用处、应该收集哪些方面的信息资料等问题。衡量一个调查设计能否科学的标准，主要就是看方案的设计能否体现调查目的的要求，是否符合客观实际。

（2）确定调查对象和调查单位。明确了调查目的之后，就要确定调查对象和调查单位。这主要是为了解决向谁调查和由谁来具体提供资料的问题。例如对××市农业中小企业电子商务应用状况调查，那么该市所有的农业中小企业为调查对象，受调查的每一个农业中小企业就是调查单位。注意要对所调查对象有明确清晰的界定，如符合什么条件的为农业中小企业，在调查之前应该有一个清晰的定义。

（3）确定调查内容和调查工具。调查内容就是所要调查的具体内容，也就是要明确向被调查者了解什么问题。通过具体内容的设计，企业可以得到所要问题的答案，所设计的内容必须明确、无疑义，注意设计内容前后的连贯性。可以选择的市场调查工具主要有以下 3 种：①调查表，调查表的问题一般分为两种，一种是封闭式问题，另一种是开放式问题；②仪器；③定性测量，进行定性调研分析的常见方法主要有词汇联想、投射技术、想象具体化、品牌拟人化和梯形上升 5 种。

（4）确定调查时间。市场调查是对一个时期的现象进行的调查，所以要确定市场调查在什么时间进行、什么时间结束。如果调查的是时点现象，就要明确规定统一的标准调查时点。

（5）确定调查地点。要确定调查在什么地区进行，即调查地域的选择，要根据调查目的、条件、外界环境做出恰当选择。

（6）确定调查方法。调查方法包括收集资料的方法和研究资料的方法。资料的来源有一手资料、二手资料，相应的调查方法有访问法、观察法、实验法和文案调查法等。

（7）调查人员的组织。好的调查组织可以确保调查方案根据要求顺利完成。应招聘、选拔合适的调查人员，对调查人员进行市场调查基础理论培训、项目培训和交谈技巧培训。

（8）调查经费的预算。预计可能发生的各种项目费用及数量，进而搞好资金的筹措，保证市场调查的资金需要，同时便于进行费用支出的控制。

2. 调查阶段 在整个市场调查工作中，该阶段是唯一的现场实施阶段，是获取第一手材料的关键阶段，对调查工作能否满足准确、及时、完整、节约等基本要求有直接影响。

3. 研究阶段 研究阶段的主要任务是鉴别整理资料、进行统计分析和开展理论研究。

4. 总结阶段

（1）撰写调查报告。调查报告是调查研究成果的集中体现，是市场调查工作最重要的总结。一般来说，市场调查都要撰写调查报告，由引言、正文、结论、附件 4 个部分组成。其基本内容包括开展调查的目的、被调查单位的基本情况、所调查问题的事实材料、调查分析过程的说明、调查的结论和建议等。

（2）总结调查工作。总结调查工作包括整个市场调查工作的总结和每个参与者的个人总结。通过总结，既要积累成功的经验，又要吸取失败的教训，特别是要注意寻找改进市场调查工作的途径和方法，为今后更好地进行市场调查打下基础。

（3）评估调查结果。要对市场调查结论做出实事求是的估计，应了解其结论是否被重视和采纳、重视和采纳的程度、采纳后的实际效果、调查结论与市场发展是否一致等。

二、农产品市场预测

农产品市场预测一般是指在综合企业市场调查结果或已掌握一定信息资料的基础上，依据对市场经济规律的认识，运用一定的方法，对影响市场供求变化的各种因素进行分析与测算，对市场变化做出趋势判断和量的估计，目的是为企业经营决策提供资料或为社会提供市场信息。市场调查和市场预测是相互依托、互为补充的，而且都是为经营决策服务的，所以，只有市场调查深入、市场预测准确，企业才能做出正确的经营决策。

（一）市场调查的原则

为了更好地预测农产品市场，一般都会先进行农产品市场信息调查，具体可以参考以下 4 条原则：

1. 广泛性原则 广泛性即收集信息时尽量全面，不仅收集直接反映市场交易活动的信息，还要收集与市场供求有关的信息。

2. 准确性原则 准确性即收集信息力求准确，能真实地反映事物的本来面目，避免误听误信，造成决策失误。

3. 针对性原则 针对性即收集信息有较强的针对性，紧紧围绕农户的经营需要去收集信息，节省收集信息的时间和耗费。

4. 及时性原则 及时性即收集信息力求迅速，有较强的时间观念。此外，对收集的信息要进行分析，包括对信息的鉴别、筛选、综合、析义、推导等，从而掌握市场变化的动向。

（二）市场预测的主要内容

市场预测的主要内容如下：

1. 信息鉴别 可将不同渠道获得的同一时期信息对照比较，或者将同一渠道获得的不同时期的信息进行对照比较，判明信息的真伪。例如，某农户从他人那里得知某种农产品价格上涨，但又同时通过电话联系，知道其价格已经回落，就可以判断所听传言不准确，避免盲目经营。

2. 信息筛选 剔除信息中那些不需要的、多余的内容，抓住实质内容。例如，某农户通过收听广播，得知某大城市自选农特产品热销的报道，联想起自己经营的特产芋头，立即与自选市场挂钩，将产品全部销售出去。

3. 信息综合 从一两条信息中往往只能看到市场交易活动的一个侧面，只有对多种信息进行综合分析，才能掌握市场动态。例如，某饲养肉鸡专业户从广播中得知大豆出口量增加的信息，又从市场调查中了解到肉鸡价格趋升，综合这些信息判断饲料价格可能会上升，立即购买了一些较便宜的肉鸡饲料贮存起来。随后，饲料价格上涨，该农户由于提前贮存了饲料，降低了养殖成本，获得了理想的经济收益。

4. 信息析义 对收集到的信息进行逐层深入分析，从原始信息中得到真正有利用价值的信息。例如，某农户从新闻报道中得知北方数省迅速发展蔬菜大棚的信息，联想到蔬菜大棚增多后，向北方运销鲜菜的成本高，难以与当地大棚鲜菜竞争，但北方蔬菜大棚增多后，肯定对蔬菜种子的需求量增加，故改为经营蔬菜良种，取得了较好的效益。

5. 信息推导 经营者运用自己丰富的知识和经验，寻找重要的市场机会。例如，某县一个养牛专业户从一个偶然的机会中得知省外贸部门组织出口活牛，他立即抓住这一机会，数次到省有关部门介绍自己养牛的情况，邀请相关人员参观自己创办的牛场，争取出口许可，并以优质低价竞争，终于成为该省出口活牛第一大户。

（三）农产品价格预测

农产品市场具有自己的特点，因此，目前在农产品价格预测领域尚未得出一个公认的好方法。农产品市场价格预测的方法有很多，根据其预测原理不同，大致可分为定性预测法和定量预测法。

1. 定性预测法 定性预测法是指预测者依靠丰富的经验和综合分析能力，根据已掌握的资料，对事物的未来发展做出性质和程度上的判断，并通过一定形式综合各方面的意见，作为预测未来的主要依据。定性预测主要分为以下 5 类：

（1）德尔菲法。这种方法是专家调查法的一种，通过让具有专门知识的人以经验和能力为基础，对研究的问题进行判断和预测。德尔菲预测的关键环节是选择正确合适的专家。

（2）主观概率法。主观概率是人们凭经验或预感而估算出来的概率。在很多情况下，人们无法计算出事件发生的客观概率，因而只能用主观概率来描述。

（3）领先指标法。领先指标法将指标分为领先指标、同步指标和滞后指标，并根据这 3 类指标之间的关系进行分析预测。

（4）相互影响法。相互影响法通过分析各个相互影响的事件的变化以及变化发生的概率来预测各个事件在未来发生的可能性。

（5）情景预测法。情景预测法是一种新兴的预测法，通过考虑未来可能的各种情景而做出预测和决策。考虑越全面，预测的准确度越高。

2. 定量预测法 定量预测法是根据已掌握的比较完备的历史统计数据，运用一定的数学方法进行科学的加工整理，借以揭示有关变量之间的规律性联系，用于预测和推测未来发展变化情况的一类预测方法。定量预测法可分为以下 3 类：

（1）时间序列预测法。时间序列预测法是通过分析时间序列的发展过程、方向和趋势，进行类推或延伸，借以预测下一段时间或以后若干年内可能达到的水平。

（2）因果关系预测法。因果关系预测法是把客观事物之间的因果关系转换成一种数学语言，用近似的函数关系表示出自变量和因变量之间的关系，并依靠历史统计数据建立相应的数学模型，然后根据自变量的数量变化预测因变量变化的预测方法。

（3）智能预测法。智能预测法是运用智能信息处理的理论与方法进行分析预测的学术体系，是智能技术的一个研究分支。

任务二 农产品市场细分与定位

一、农产品市场细分

（一）农产品市场细分的概念

农产品市场细分就是根据农产品总体市场中不同购买者在需求特点、购买行为和购买习惯等方面的差异，把农产品总体市场化分为若干个不同类型的购买者群体的过程。每个用户或消费者群就是一个细分市场，或称子市场。每一个细分市场都是由具有类似需求倾向的消费者构成的，分属于不同细分市场的消费者对同一农产品的需求与欲望存在明显的差异。

读一读

五常大米为什么那么贵?

五常大米向来被人们视为米中精品，销售价格也要高于普通大米。不少吃货不禁想问："五常大米为什么那么贵?"

1. 五常地区稻谷的产量有限 近几年，根据农业部门的播种面积数据统计，五常地区每年的大米总产量不超过100万吨。但有报道称，市场每年对五常大米的实际需求量在千万吨以上。正所谓物以稀为贵，因此，五常稻谷（大米未加工的前身）的价格比一般成品大米的价格高得多的确是事实。

2. 人工收割成本高，自然晾晒难度大 按照目前的农业作业习惯，稻谷的收割和脱粒往往都是由联合收割机一并完成，而五常当地居民仍旧采用手工收割方式。为了提高大米的口感，五常大米手工收割后，往往会经过一段时间的自然晾晒（相当于烘干），经过后熟期后，才会进入脱粒加工的流程，这大大增加了人力和时间的投入。

3. 出米率低 出米率指稻谷经过加工后，变成成品大米的比例。通常，北方大米的出米率为68%～70%，但五常大米的粒型偏长，在加工过程中，米粒容易折断，这大大降低了其实际出米率。因此，五常大米的出米率仅为55%左右，对于生产设备落后的企业而言，出米率甚至低到50%左右。

4. 品质好 黝黑黝黑的泥炭土、草甸土含有极其丰富的钙磷钾，松软的土层和极强的透气性又传送了很多氧气，牤牛河、拉林河绝无仅有的稀缺泉水日夜滋润着水稻，充足的日照、140天的生长期和较大的昼夜温差都让它与众不同，优中更优！这种米的口味也不同于普通大米，品质上乘，产量极少，价格自然高。

（二）农产品市场细分的作用

1. 有利于发现市场营销机会 市场机会是在市场上已经出现但尚未加以满足的需求。运用市场细分手段，农户可以找到对自己有利的目标市场，推出相应的产品，并根据目标市场的变化情况不断改进老产品、开发新产品、开拓新市场。例如，北方一些农民把鸡蛋的蛋黄和蛋清分开卖，拆零拆出了大市场。爱吃蛋黄的消费者买蛋黄，爱吃蛋清的消费者买蛋清，各有所爱，各得其便。消费者得到了实惠，卖方也赚到了以前赚不到的钱。

2. 能有效地制定最优营销策略 市场细分是市场营销组合策略运用的前提，即农产品生产经营者要想实施市场营销组合策略，首先必须对市场进行细分，确定目标市场。任何一个优化的市场营销组合策略的制定都是针对所要进入的目标市场的，离开目标市场，制定市场营销策略就是无的放矢，这样的市场营销方案是不可行的，更谈不上优化。例如，近几年我国苹果生产连年获得丰收，相对饱和，市场销售不畅，价格下跌，果农一筹莫展。在这种情况下，美国华盛顿州的苹果却在北京、上海、广州等城市登陆，在强劲的宣传攻势下，占领了中国的苹果市场。分析其成功的原因，除了对营销环境的充分了解、优化的市场营销组合战略、成熟的营销战略操作机构之外，正确的市场细分和目标市场选择起到了非常重要的作用。

3. 有利于农户扬长避短、发挥优势 每一个农户的经营能力对整体市场来说都是极为有限的，所以，农户必须将整体市场细分，确定自己的目标市场，把自己的优势集中到目标市场上。否则，农户就会丧失优势，在激烈的市场竞争中遭到失败。

4. 有利于开发新产品，满足消费者多样化的需求 当众多的生产者奉行市场细分战略时，那些尚未满足的消费需要就会逐一成为不同生产者的一个又一个市场机会，新产品层出不穷，市场上产品的种类、花色、品种增多，人们生活的质量也相应得到提高。

（三）农产品市场细分的步骤

（1）分析产品，确定营销目标。经营者要了解自家农产品的生产优势、劣势、产品特色及具备什么样功能，这是细分的基础。

（2）分析顾客各种需求。从现在需要、潜在需求出发，尽可能详细列出消费者的各种需求。

（3）划分顾客不同类型。按需求不同，划分出各种消费者类型，分析他们需求的具体内容，然后按一定标准进行细分。

（4）选定目标市场。将产品特点、经营者经营能力同各细分市场特征进行比较，选出最能发挥经营者和产品优势的细分市场作为目标市场。

（5）进一步认识各细分市场的特点，测量各分市场大小，考虑各分市场有无必要再做细分或重新合并。

（6）选定目标市场，制定营销策略。

（四）农产品市场细分的依据

由于居住地区、气候、年龄、性别、收入、家庭状况、生活习惯等因素的影响，不同的消费者会有不同的需求与动机，而这些不同的需求与动机即所谓的“细分变数”，是细分消费者市场的标准。具体而言，细分消费者市场所依据的变数可分为地理变数、人口变数、心理变数和行为变数四大类。

1. 地理细分 地理细分是按照消费者所处的地理位置、自然环境来细分市场，如根据国家、地区、城市规模、气候、人口密度、地形地貌等方面的差异将整体市场分为不同的子市场。地理因素之所以作为市场细分的依据，是因为处在不同地理环境下的消费者对于同一类产品往往有不同的需求与偏好，他们对企业采取的营销策略与措施会有不同的反应。如在我国南方沿海一些省份，某些海产品被视为上等佳肴，而内地省份的许多消费者则觉得其味道平常。又如，考虑到我国市场营销环境的差异性很大，以生产方便面为主的华龙集团制定了区域产品策略，最大限度地分割当地市场，因地制宜，各个击破，其产品在河南有“六丁目”，东北地区有“东三福”，山东有“金华龙”等。

2. 人口细分 人口细分是指以人口统计变量，如年龄、性别、家庭规模、家庭生命周期、收入、职业、教育程度、宗教、种族、国籍等为基础细分市场。消费者需求和偏好与人口统计变量有着很密切的关系。比如，只有收入水平很高的消费者才可能成为高档服装、名贵化妆品、高级珠宝等的经常买主。人口统计变量比较容易衡量，有关数据相对容易获取，因此企业经常把它作为细分市场的依据。例如，华龙集团根据收入因素推出不同档次的产品，2000年以前，华龙主推的大众面有“108”“甲一麦”“华龙小仔”，中档面有“小康家庭”“大众三代”，高档面有“红红红”“煮着吃”。同时，华龙集团根据年龄因素还推出了适合少年儿童的“A小孩”干脆面系列和适合中老年人的“煮着吃”系列。

3. 心理细分 按照地理标准和人口标准划分的处于同一群体中的消费者对同类产品的需求仍会显示出差异性，这可能是消费者的心理因素在发挥作用。心理因素包括个性、购买动机、价值观念、生活格调、追求的利益等变量。例如，消费者在购买农产品时有不同的购买动机，包括求实动机、求廉动机、求名动机、求美动机、显贵动机、好奇动机等。有些老年人买菜专挑便宜的买，是出于求廉动机；有些年轻人买菜专买自己没有吃过的特菜，是出于好奇动机。

4. 行为细分 行为细分是根据购买者对产品的了解程度、态度、使用情况及反应等将他们划分成不同的群体。行为变数能更直接地反映消费者的需求差异，因而成为市场细分的最佳起点。例如，根据顾客是否使用和使用程度细分市场，通常可分为经常购买者、首次购买者、潜在购买者和非购买者；根据消费者使用某一产品的数量大小细分市场，通常可分为重度使用者、中度使用者和轻度使用者。消费者购买某种产品总是为了解决某类问题、满足某种需要，然而，产品提供的利益往往并不是单一的，而是多方面的，消费者对这些利益的追求往往会有所侧重。例如，生产果珍之类清凉解暑饮料的企业可以根据消费者在一年四季对果珍饮料口味的不同要求，将果珍市场消费者划分为不同的子市场。根据人们偏好的不同，肉类经营者可以把猪肉分割为瘦肉、排骨、肥肉和猪皮；把鸭子的舌头、翅膀、脚板、鸭肠、鸭肝等分割开来，加工成特色产品；鱼也可按需分割为鱼头、鱼身、鱼尾、鱼子、鱼肚等产品上市。

读一读

你见过可以吸的水蜜桃吗？

阳山水蜜桃是可以直接用吸管吸的水蜜桃，被《华尔街日报》赞为“世界上最好吃的桃子”！

当大部分人都在念叨着无西瓜不夏天时，无锡人的夏天却围绕着水蜜桃展开了，在夏天送上一盒水蜜桃已成为当地人的传统。阳山水蜜桃在水蜜桃界可谓一直是“独领风骚”，不禁有人疑惑：有多好吃？阳山熟透的水蜜桃的一大特色就是可以直接喝，每一颗都是水分，鲜榨果汁在阳山水蜜桃面前都弱爆了。

阳山水蜜桃带着一种“实属不易”的味道，像是上天赐予的礼物，是亿万年前火山给予人类的馈赠。阳山镇境内的大阳山是上亿年前形成的古火山，是华东地区唯一的火岩层山，后来变成死火山后渐渐有人定居，开始种植水果，周边土壤肥沃。数千年前火山喷发而集聚在地底的微量元素对水蜜桃的种植起到很大的作用，所以这里长出的水蜜桃个大肉厚、香甜浓郁、皮薄多汁、入口即化，桃汁会如爆浆般喷涌而出。

江苏省无锡市阳山镇根据自己的产品特色进行精准的市场细分与定位，用“吸”字吊起消费者的好奇心，带动销售，同时以农产品的高品质将其定位于高端水蜜桃。

二、农产品市场定位

（一）农产品市场定位的含义

农产品市场定位是对农产品施行的市场定位行为，指农业经营者根据竞争者现有产品在市场上所处的位置，针对消费者对该产品某种特征或属性的重视程度，强有力地塑造本企业产品与众不同的鲜明个性或形象，并把这种形象生动地传递给顾客，从而确定该产品在市场中的适当位置。

农产品的市场定位是农业经营者通过为自己的产品创造鲜明的特色和个性，从而在顾客心目中塑造出独特的形象和位置来实现的。这种特色和形象可以通过产品实体方面体现出来，也可以从消费者心理方面反映出来，还可以从价格水平、品牌、质量、档次、技术先进性等方面表现出来。

农产品市场定位的实质是取得目标市场的竞争优势，确定企业及其产品在顾客心目中的适当位置并留下值得购买的印象，以便吸引更多的顾客。因此，市场定位是企业市场营销体系的重要组成部分，对于提升企业市场形象、提高农产品市场竞争力具有重要意义。

（二）农产品市场定位的方法

市场定位的方法多种多样，但由于农产品具有与一般产品不同的特点，因而其定位方法具有特殊性。

1. 根据农产品质量和价格定位 产品的质量和价格本身就是一种定位，一般来说，在消费者看来，较高的价格意味着较高的产品质量。农产品价格普遍偏低，对优质农产品实行高价，可使其与普通农产品区别开来，满足消费者对优质农产品的需求，从而达到定位的目的。

2. 根据农产品的用途定位 同一农产品可能有多种用途，如有的农产品既可供消费者直接食用，又可用于食品加工，那么可分别对其进行不同的定位。此外，当发现一种农产品有新的用途时，也可运用这种定位方法。

3. 根据农产品的特性定位 农产品的特性包括其种源、生产技术、生产过程、产地等，这些特征都可以作为农产品定位的因素。如绿色农产品、有机蔬菜等都是根据农产品的特性进行定位。

4. 根据消费者的习惯定位 根据产品使用者对产品的看法确定产品形象，然后进行目标市场定位。

（三）农产品市场定位的步骤

农产品市场定位的实质是农业经营者取得在目标市场上竞争优势的过程。因此，市场定位的过程包括 3 个步骤，即明确自身潜在的竞争优势、找出企业的相对竞争优势，显示独特的竞争优势。

1. 明确企业潜在的竞争优势 营销人员通过营销调研，了解目标顾客对于农产品的需要及其欲望的满足程度，了解竞争对手的产品定位情况，分析顾客对于企业的期望，得出相应研究结果，从中把握和明确企业的潜在竞争优势。

2. 找出企业的相对竞争优势 从经营管理、技术开发、采购供应、营销能力、资本财务、产品属性等方面与竞争对手进行比较，准确评价企业的实力，找出优于对手的相对竞争优势。

3. 显示独特的竞争优势 企业通过一系列的营销工作，尤其是宣传促销活动，把独特的竞争优势准确地传递给潜在顾客，并在顾客心目中形成独特的企业及产品形象。为此，企业首先应使目标顾客了解、认同、喜欢和偏爱企业的市场定位；其次，要努力稳定和强化目标顾客的态度，以巩固市场定位；最后，还应密切关注目标顾客对市场定位理解的偏差，及时矫正与市场定位不一致的形象。

（四）农产品市场定位的策略

农产品市场定位的策略是指农产品生产经营者根据目标市场的情况，结合自己的条件确定竞争原则，通常可分为 3 种：

1. “针锋相对式”策略 这种定位策略是把产品定在与竞争者相似的位置上，与竞争者争夺同一细分市场。例如，有的农户在市场上看别人经营什么，自己也选择经营什么。采用这种定位策略要求经营者具备资源、产品成本、质量等方面的优势，否则，在竞争中会处于劣势，甚至失败。

2. “填空补缺式”策略 这种定位策略不是去模仿别人的经营方向，而是寻找新的、尚未被别人占领但又为消费者所重视的经营项目，以填补市场空白的策略。例如，有的农户发现在肉鸡销售中大企业占有优势，于是就选择经营饲养农家鸡、柴鸡，填补大企业不能经营的市场空白。

3. “另辟蹊径式”策略 当农产品经营者意识到自己无力与同行业有实力的竞争者抗衡时，可根据自己的条件选择相对优势来竞争。例如，有的生产经营蔬菜的农户既缺乏进入超级市场的批量和资金，又缺乏运输能力，就利用区域集市，或者与企事业单位联系，甚至走街串巷，避开大市场的竞争，将蔬菜销售给不能经常到市场购买的消费者。

读一读

意想不到的“灵芝鸡”

在江苏无锡锡北镇的晨东农场，早晨清爽的空气弥漫在树林间，随着一阵阵悦耳的轻音乐，上千只鸡有的在树下漫步，有的在觅食嬉戏……再看它们的早餐：喝的是五谷豆浆，吃的是粗食杂粮，最稀奇的是多了一样赤红色的“配料”——灵芝粉末。

农场主陈晓东告诉记者，这些灵芝来自他在农场办起来的灵芝园。前几年，他引进了灵芝种植项目，并开发出破壁灵芝孢子粉等深加工产品，但市场销路一直没有打开。

“关键还是很多人对种植的灵芝不认可。”陈晓东坦言，本来已萌生退意，但几位大学生的养鸡试验又让他对这拥有数千年美名的瑞草重拾信心。2012年，几位扬州大学的学生在晨东农场搞起了试验，用中草药来喂养太湖草鸡，效果很好，鸡的抗病能力明显增强。陈晓东灵机一动，又在鸡的喂养过程中加入灵芝。过了一段时间，吃了灵芝的鸡变得外形艳丽，羽毛富有光泽，非常活跃。

如今，尽管每只“灵芝鸡”的零售价在300元左右，但很多吃过的食客经不住美食的诱惑，不但经常来农场大快朵颐，还要求送货上门。

（资料来源：佚名．灵芝园里的“家庭农场”梦．https://www.ke82.com/view/2835181087wo.html，2019-07-17.）

任务三 农业企业产品品牌管理

一、品牌的组成部分

1. 品牌名称 品牌名称是品牌中可以被读出声音的部分，如“康师傅”“德

青源”“汇源”等都是我国著名的品牌名称。

2. 品牌标志　品牌标志是品牌中可以识别但不能读出声的部分，常常为某种符号、图案或其他独特的设计，如著名的“康师傅”牌方便面的厨师图案、“雀巢”品牌的鸟巢图案等。

二、创建农产品品牌的作用与意义

品牌是一个企业的无形资产，它在无形之间为企业的发展提供了保障。正是因为可口可乐公司拥有一个良好的品牌形象，其公司总裁伍德拉夫才敢说：“即使可口可乐公司在全球的所有工厂一夜之间化为灰烬，但凭借‘可口可乐’这个品牌，它将很快复苏，仍将生机勃勃。”由此可见，良好的品牌形象对企业的生存发展具有相当重要的作用。

（一）农产品品牌能够满足消费者的需要

只要农产品的品牌形象保持不变，在没有品牌危机的情况下，消费者就会继续给予支持；反之，如果消费者对农产品的品牌产生了怀疑与不信任，或某个品牌不能满足消费者的需求，消费者就会舍弃这个品牌。消费者往往会对某一特定品牌形成一种特定认可，一旦某一品牌得到此认可，这一品牌就会拥有其独有的忠诚客户。所以，一定要建立属于自己的农产品品牌，用品牌征服消费者。

（二）农产品品牌能够帮助产品营销

1. 品牌有利于销售量的增长　良好的品牌形象有利于得到消费者的认可，从而提高其品牌忠诚度。当忠诚客户需要农产品时，就会自然而然地想到心目中的这个品牌，这在无形中增加了销售量。同时，忠诚客户在使用这个品牌的农产品的同时，还会向周围的其他人介绍，使销售量上升，达到了口碑宣传的效果。口碑宣传是最有力的宣传手段，并且不需要支付任何费用，在降低宣传成本的同时提高了宣传的效果。

2. 品牌有利于农产品管理溢价　众所周知，一个名牌产品的价格往往比非名牌产品的价格高出很多，就苹果而言，没有品牌的优质苹果只要 1.6 元/千克，而同等质量的品牌苹果则要 3～4 元/千克。这就是品牌的溢价效应，能给企业带来更丰厚的利润。

（三）农产品品牌能够促进标准化生产管理

对于无品牌的农产品生产加工来说，基本上是生产者根据自己所掌握的经验去生产和销售，没有统一的标准，每个人都有自己的见解，生产出来的农产品质量和规格并不相同。如果建立了品牌，就要求生产者必须执行标准化的生产和管理，严格确保每个商品的质量，提高了从生产到流通再到销售的可控性。

（四）农产品品牌能够带动基地建设，促进经济发展

农产品往往是一个品牌带动一个地域，这就要求政府出面组织建设，保证生产者的利益和品牌的运作。农产品基地的建设促进了农民收入的增加，保证了第一产业的健康发展，促进了地方经济的增长，更保障了国家建设的有序进行。

（五）农产品品牌能够提高农产品的市场竞争力

自我国加入世界贸易组织（WTO）之后，我国农产品出口屡遭国外质量标准的限制，导致我国农产品出口呈逆差状况。品牌是构成企业核心竞争力的主要元素。政府和企业通过品牌建设，可强化品牌意识，整合品牌资源，优化资源配置，扩大企业规模，实现农业产业升级，全力打造农产品知名品牌，形成品牌效应，增强企业实力，形成规模生产、标准化生产，保证产品质量，从而有力提升农产品的市场竞争力，促进农产品的出口。

读一读

七种标志不得作为商标使用

（1）同中华人民共和国的国家名称、国旗、国徽、军旗、勋章相同或者近似的，以及同中央国家机关所在地特定地点的名称或者标志性建筑物的名称、图形相同的。

（2）同外国的国家名称、国旗、国徽、军旗相同或者近似的。

（3）同政府间国际组织的名称、旗帜、徽记相同或者近似的。

（4）夸大宣传并带有欺骗性的。

（5）有害于社会主义道德风尚或者有其他不良影响的。

（6）仅有本商品的通用名称、图形、型号的。

（7）缺乏显著特征的。

三、农产品品牌建设的三大要素

（一）建立品牌价值链

建立品牌价值链的方法包括以下几种：

1. 抢产地，变产品公地为品牌公地 很多地方特色农产品以产地区隔，如白洋淀的鸭蛋、阳澄湖的大闸蟹、龙口粉丝、西湖龙井茶等。消费者对于农产品的地域性优势非常认可，因此，如果能够将产地的优势抢占为品牌价值链，将为品牌成为品类老大创造最重要砝码。龙口粉丝具有300多年的悠久历史，是我国优质粉丝的代名词，但是龙口粉丝却没有行业领导者。消费者对龙口粉丝的认识不清楚，离产地山东越远的区域越不清楚。龙大粉丝发现这一大好良机，抢先发声，一句“龙口粉丝，龙大造”一经中央电视台播出立即引起轰动，订单像雪花般飘来。

读一读

“雨润烤鸭”的品牌建设之路

一提到烤鸭，人们便会想到北京全聚德，雨润烤鸭该怎么树立自己的品牌呢？雨润首先挖掘历史资源，将雨润烤鸭命名为“永乐一九”北京烤鸭，并提炼皇家秘制烤鸭“五道御法”。一选：取京运白鸭，羽白而肉细，上品之选。二充：充气于鸭体表之下，皮肉相分离，体态饱满。三浆：饴糖熬制细浆，淋洒鸭身，色泽枣红，四灌：鸭体注满泉水，外烤内煮，外脆里嫩。五烤：整鸭高挂炉内，炭火烘烤，上色成熟，“五道御法，皇家秘制500年”。从此，雨润让烤熟的鸭子“飞”了起来。

2. 抢工艺，地方特产独家占 百年老店为什么经久不衰？乌江榨菜为什么成为涪陵榨菜的品类代言？这其中很重要的因素就是特殊工艺。对于百年老店或是特色小吃而言，最关键的就是家传秘方或是独特工艺，因此，如果将“特殊工艺”据为己有，并将特产工艺化限定，也将形成品牌最有竞争力的价值链。

3. 抢文化，地方文化独家占 五千年中华灿烂文化，每一种特色产品都是有故事的。品牌故事背后就是地方特色文化的浓缩。“20世纪玩经济，21世纪玩文化”，抢占一方文化也是打造农产品品牌价值链的重要方法。

4. 抢标准，为跟进者断路 做品牌的最高境界是做标准，做标准的企业往往在行业最有发言权。对于标准不一的农产品，标准显得更为重要。目前农产品已经从土特产步入商品行列，衡量标准也在发生改变。农业产业化龙头企业要学会与时俱进，与现代消费接轨。如“六个核桃”“九个枣”，消费者已经不关心这个核桃、枣产自哪里，是不是绿色、有机，数字量化是商品价值最好的传达方式。

宛西制药利用西峡当地特产香菇推出了仲景香菇酱。西峡香菇全国有名，但是仅“西峡香菇”这一名称，销售力是不强的。面对瓶中粒粒香菇颗粒，推广人突发奇想：何不化整为零，从菇粒入手？出乎所有人的意料，一罐香菇酱里竟然有300多粒香菇颗粒。香菇有营养地球人都知道，但是香菇有多少种营养很多人未必知道。专家发现，香菇含有不下30种营养。最终，仲景香菇酱价值链浮出水面：300粒香菇，21种营养。仲景通过树标准，实现消费者的心智占位，对后进香菇酱跟随者进行了有力的战略防御。

5. 打造全产业链，让对手无懈可击　全产业链是中粮集团提出的，中粮产品品类丰富，几乎包括了从原料生产到食品加工的所有环节。在上游，中粮集团从选种、选地，到种植、养殖等环节严格把控，宏观调控产品结构；在加工环节，中粮集团实现了对产品品质的全程控制，确保食品安全；在下游，中粮集团通过技术研发和创新，向消费者提供更多健康、营养的食品，最终实现“从田间到餐桌”的全产业链贯通。

（二）塑造品牌形象

农产品完成了品牌价值链构建，就像一个人有内涵。但是光有内涵还不够，还要有气质，气质就是外在表现，这主要靠包装。包装是农产品的载体和外在表现，也是品牌塑造的第一必修课。目前大多数农产品包装相对土气，缺少让人眼前一亮的感觉，很多产品选择塑料袋或者瓦楞纸箱包一下，或用竹篓、塑料编织袋包装，几十千克一件，更谈不上包装设计、品牌宣传了。事实上，这样的包装往往让人感觉档次低，没有视觉冲击力，难以建立鲜明的品牌形象，无法吸引高端消费群的眼球。农产品作为特产，一定要做出个性、做出品位，与现代消费者的审美观接轨。塑造品牌形象，可以从以下几种风格入手：

1. 原生态形象　农产品企业最容易犯的错就是把形象做得太土。虽然现代人追求亲近自然，但是更喜欢那种与世无争的原生态意境。因此，对农产品品牌形象塑造而言，最好的外在美就是要有一套原生态外衣，原汁原味、原生淳朴、原生品味，原生态的风格人人喜欢。

2. 文化形象　消费者有时候并不了解产品本质，往往要借助于包装设计和品牌背书，这一点是被许多农产品企业忽视的。每一个农产品背后都是有故事的，特色农产品的地域特点鲜明，在形象塑造上要注重地域特色和文化挖掘。在品牌背书上，一方面要切合消费者追求高品位文化的消费心理，另一方面要将产

品文化底蕴进行全面诠释，与包装融为一体，烘托出品牌的文化气息。

3. 时尚形象 这是很多中国农产品品牌在形象塑造上的常见手法。这种风格相对比较大胆，是对传统意义上的农产品的颠覆，但由于中国消费者强烈的崇洋心理，也很有市场。农产品也需要时尚，因为随着消费观念的不断发展，其审美也在大幅度提高。

（三）快速占据消费心理

现在的媒体多样化已经改变了我们过去传统传播的路径和方式。农产品品牌的打造不仅要借助传统的媒体，还应借助更多的其他媒体和路径。农业产业化企业除了营销缺失，资金方面也是短板，在当前信息过度的环境下，终端媒体化、网络传播、植入式广告、公关传播更能入眼入心，实现花小钱办大事的效果，这些是对农产品进行品牌传播的重要方式。

1. 公关借势 公关借势就是利用媒体的高度关注和传播，将事件通过公关手段转化为增加品牌知名度和美誉度的契机，帮助品牌引发多米诺骨牌式的口碑效应。蒙牛的“每天一斤奶，强壮中国人”就是通过看似公益的公益口号，一下子拉动了大规模的消费。

2. 品牌植入 品牌植入就是“别人搭台你唱戏”，避免广告硬性说教。提起植入式广告，相信大家并不陌生。当年，电视剧《大宅门》掀起了一股收视热潮，而剧中对传统中药阿胶的生产、制作和食用的真实再现，让人们对阿胶的认识不再是冷冰冰的。至今，东阿阿胶的行业龙头地位仍无人能撼。

读一读

农产品如何讲好品牌故事

每个农产品都有自己独有的故事，伴随其从出生到成熟的整个成长过程，这些故事形象塑造了它们的外形特征、个性风格、功能作用等，使其成为众多产品中独有的一个，无可替代。

它们的故事若得以展示、传播，恰似于在农产品之上附着了一层动人故事的光环，熠熠生辉。当消费者了解了其不同寻常的故事之后，便不会再对其等闲视之，农产品也就因此增加了附加值。农产品的品牌故事需要着重突出三个元素：

1. 哪儿种 一方水土养一方人，要将本地的土地特色、休闲旅游和原生态展现出来。而往往一个原产地都会有一个美丽的故事或传说，或者当地原生态的风景和环境非常迷人。

2. 怎么种 好的农产品一定有特别的种植方法，无论是绿色原生态的种植方法还是传承悠久的土方法，要将其与别的产品区别开来。

3. 谁种的 农产品的故事少不了人，种植这些农产品的农民有哪些故事？可用人格化的方式讲出农产品动人的故事和情怀。

任务四 农业企业产品营销策略

一、农产品营销的内涵

1. 营销 营销又称市场营销，是在市场经济条件下，企业通过市场交换，最大限度地满足消费者的需要并获得自身的生存和发展而有计划实施综合性经营销售活动的过程。

2. 农产品营销 农产品营销包括农产品从土地到餐桌这一过程中所涉及的所有市场营销活动。

农产品营销的主体是从事农产品生产与经营的个人和组织，主要包括专业大户、家庭农场、农民合作社和农业企业。农产品营销的对象是农产品消费群体，包括城乡居民、农产品加工企业、农产品专业市场。农产品营销活动贯穿于农产品生产、流通和交易的全过程，是一个价值增值的过程。

3. 农产品营销的特点 农产品营销受农产品的自然生长周期、生产季节、生产产地、产品自身物理生化性质等客观条件的制约，与其他产品的市场营销存在很大区别。特别是要维持农产品本身的色香味形等物理及生化性状，生产经营者须承担较大的市场风险、生产成本和信誉成本。

4. 农产品营销的目标 一般来说，农产品营销的目标包括：

（1）经济效益目标。获得消费者对产品的价值认同，从而取得较高的经济效益。

（2）市场占有率目标。创造新的市场需求，扩大市场范围，获取更多市场份额。

（3）品牌发展目标。塑造经营者形象，打造产品品牌，扩大企业知名度。

二、消费者需求心理与农产品营销策略

做好农产品营销，实现农产品利润最大化，必须了解消费者的需要和购买动机。

（一）消费者的需求

需要是指人们在个体生活和社会生活中感到某种欠缺而力求获得满足的一种心理状态。也就是说，消费者某种生理或心理的缺乏状态就是消费者的需要。如消费者感到饥饿时，会产生对食品的需要；感到寒冷时，会产生对御寒衣物的需要；感到孤独时，会产生对娱乐、交往的需要；感到被人轻视时，会产生对社会地位、贵重商品的需要。

消费者对农产品的需要主要包括：

（1）对农产品使用价值的需要。使用价值是商品的基本属性，也是消费者需求的基本内容。

（2）对农产品审美的需要。追求美好是人的天性，消费者对农产品色、香、味、形的审美要求与时俱进。

（3）对农产品时代性的需要。赋予农产品时尚价值，满足消费者对农产品时代性的要求。

（4）对农产品社会象征的需要。吃当季、当地（原产地）的农产品，成为社会精英的一种消费方式。

（5）对良好服务的需要。农产品营销主体必须树立以消费者为中心的服务意识。

（二）消费者购买农产品的心理动机

与传统产品购买心理动机有所区别，对农产品消费而言，主要有以下几个方面的购买心理动机：

1. 求安心理动机 农产品消费关系到每个人的生存和健康，随着人们生活及消费水准的提高，人们对农产品的需求由追求能量型（温饱）向健康、安全、营养方面转变。

2. 休闲心理动机 随着社会经济的发展，人们开始认识“慢生活”，增强了对休闲生活的渴望，期望获得休闲农产品的消费。

3. 体验心理动机 城市化造成了环境污染、生活紧张、缺乏绿意的生活环境，使人们产生了亲近大自然的体验消费动机。

4. 求便心理动机 现如今，消费者把农产品使用方便和购买方便与否作为选择农产品消费及购买方式的标准之一。

（三）基于消费者购买动机的农产品营销策略

1. 利用求安心理，开发绿色农产品 绿色食品是遵循可持续发展原则，按照特定生产方式生产，经专门机构认证，许可使用绿色食品标志的无污染的安全、优质、营养类食品。

（1）增强消费者对绿色食品的认知。对绿色农产品了解越多，越有助于激发消费者内心对安全和健康的需要，进而提高对绿色农产品的消费。千万不能将绿色食品标志仅仅印在包装上一贴了事，要经常对消费者进行有效宣传，增强消费者对农产品安全问题的认识和对绿色食品标志的辨识。

（2）合理定价。要充分考虑生产成本、认证成本和目标市场消费群体的接受程度。如日本有机食品比普通农产品价格高10%以上，欧洲的有机食品也比一般农产品高20%～50%，我国消费者愿意接受的绿色农产品价格一般比普通农产品高15%～25%。

（3）选择合适的目标人群。消费者的年龄、经济状况，对健康、安全的忧虑意识，以及家庭中是否有未成年人都会影响其对绿色农产品的消费。我国绿色农产品消费群体主要有机关事业单位集团消费，以高级知识分子为主的白领阶层，年轻人和部分老年人、孕妇、产妇、婴幼儿。

2. 利用休闲心理，开发休闲农产品　休闲农产品是指人们在闲暇和休息时消费的食用、把玩、观赏农产品，其主要功能是愉悦消费者的心情。如波力海苔为休闲食品，多肉植物为观赏植物，这类农产品的主要消费群体是中青年妇女、学生、儿童、外来游客和经常出差的人员。

（1）吸引顾客的味蕾和眼球，推出美味、新颖的产品，让消费者难以抗拒产品的诱惑。

（2）体现健康消费的理念。休闲农产品要确保无毒无害，特别是休闲食品要保证质量和良好风味，以低热量、低脂肪、低糖为产品开发的主流。

（3）借助文化娱乐元素，表达温馨、健康、纪念的信息，以期引起消费者对品牌的共鸣，如“吉祥三宝”“田妈妈”等。

（4）包装玲珑，方便购买。休闲农产品往往是旅途消费品或礼品，体积小、包装美不仅携带方便，而且购买者可以同样体格获得多份产品，以低成本让更多亲朋好友分享。

3. 利用体验心理，开发观光农业园　观光农业园是以生产农作物、园艺作物、花卉、茶等为主营项目，让城市游客参与生产、管理及收获等活动，享受田园乐趣，并进行欣赏、品尝、购买的农业园。

（1）因地制宜发展。观光农业园选址要符合“三边”条件，即城市周边、旅游景区周边、交通干线周边。

（2）适度规模经营，农业特色明显。具有鲜明的独特性和区域性，具有别人难以模仿的内涵和价值。

（3）突出新奇特，不断改造园区景观。观光农业园要充分利用农业自然景观、农业田园景观和农业生产景观，做好生产、生活环境整治。移步换景，处处是景，能够满足消费者摄影取景需要，适合当今手机一族利用微信、QQ、微博等自媒体进行传播。

（4）注重体验，让游客获得感受价值。让游客有视觉体验，看到红花绿果、稻田画幅等；让游客有听觉体验，听到潺潺流水、虫鸣鸟语等；让游客有味觉体验，品尝农家豆腐、果菜茶饮等；让游客有嗅觉体验，闻到花草芳香、体验清香迎面扑等；让游客有触觉体验，动手采摘、制作、加工等。

4. 利用求便心理，开发数字化营销 所谓数字化营销，是以计算机网络技术为基础，通过电子商务来实现市场营销。它具有时间上的全天候特性、空间上的跨区域特性、结算的便捷性、物流的快捷性等优势。

（1）目标市场定位。目标人群定位是农产品电商平台首要考虑的问题，如果目标人群定位为基本不会上网的老年人或消费能力低下的人群，那显然要面临亏损。

（2）选择品牌物流。由于农产品的特殊性，配送时需要有冷藏冷冻的混合配送车辆，以及冷藏周转箱及恒温设备，否则产品原质量再好，客户收到的也将是有质量问题的商品。所以，物流配送及其成本将成为考验农产品电商平台的最大问题。

（3）提高农产品品质和标准化程度。同一批次及不同批次农产品的外在规格和内在品质应力求基本一致。

（4）注重网络宣传。电商平台既是一个交易平台，也是一个宣传窗口。要及时通过新闻播报、看图片说故事等形式展开对消费者群体的宣传，从而抓住消费者的心。

三、顾客让渡价值与营销组合策略

现代市场营销组合已经从传统的4P（产品、价格、渠道、促销）向4C（顾客、成本、便利、沟通）转变，最终让消费者获得更多的顾客让渡价值。

（一）顾客让渡价值的定义

顾客让渡价值是指企业转移的、顾客感受得到的实际价值。顾客让渡价值是菲利普·科特勒在《营销管理》一书中提出来的，他认为，顾客让渡价值是指顾客总价值与顾客总成本之间的差额。

（二）顾客总价值与顾客总成本

1. 顾客总价值 顾客总价值是指顾客购买某一产品或服务所期望获得的一组利益，主要包括产品价值、服务价值、人员价值和形象价值等。实际上，也就是人们常说的“实用、放心、称心、安心”概念。

产品价值是产品的功能、特性、品质、品种与式样等产生的价值，是顾客需要的中心内容，也是顾客选购商品的首要因素。因此，一般情况下，它是决定顾客购买总价值大小的关键和主要因素。

服务价值是指伴随产品实体的出售，企业向顾客提供的各种附加服务，包括产品介绍、送货、安装、调试、维修、技术培训、产品保证等所产生的价值。服务价值是构成顾客总价值的重要因素之一。

人员价值是指企业员工的经营思想、知识水平、业务能力、工作效益和质量、经营作风、应变能力所产生的价值。企业员工直接决定着企业为顾客提供的产品与服务的质量，决定着顾客购买总价值的大小。

形象价值是指企业及其产品在社会公众中形成的总体形象所产生的价值，包括企业的产品、技术、包装、商标、工作场所等所构成的有形形象所产生的价值，公司及其员工的职业道德行为、经营行为、服务态度、作风等行为形象所产生的价值，以及企业的价值观念、管理哲学等理念形象所产生的价值等。

2. 顾客购买总成本 顾客购买总成本是顾客为购买某一产品所耗费的时间、精力、体力以及所支付的货币资金等，包括货币成本、时间成本、精神成本和体力成本。

一般情况下，顾客购买产品时首先要考虑货币成本的大小，因此，货币成本是构成顾客总成本大小的主要和基本因素。在货币成本相同的情况下，顾客在购买时还要考虑所花费的时间、精神、体力等，因此，这些支出也是构成顾客总成本的重要因素。实际上，也就是人们常说的“既要价廉物美，又要方便快捷”的概念。

（三）基于顾客让渡价值的农产品营销组合策略

1. 注重农产品品牌和包装 品牌和包装是农产品生产者向消费者的一种承诺、提供的一种便利、开展的一种宣传推介方式。因此，农产品品牌命名必须朗朗上口、易读易记，还要寓意深刻、新颖别致，做到清新高雅、不落俗套，充分显示农产品的档次和品位。农产品包装设计要体现绿色环保、美观大方、方便携带的原则，既要图文信息齐全、标志标识清楚，又要短小精悍、一目了然，让顾客过目不忘。最好提供产品质量认证和质量追溯承诺，让顾客放心大胆地购买。

2. 采用农产品差别定价 针对老顾客推出新品种，可采用撇脂定价法，即高开低走。这一定价方法可抓紧时机快速收回成本，且高开价格，回旋余地较大，待竞争对手一哄而上时，价格回落，能克敌制胜、降低风险。针对新客户或推广大众化农产品，可采用渗透定价法，即低开高走。这一定价方法能够吸引人气，扩大客户规模，提高市场占有率。待出现供不应求局面时再渐进式提价，以取得长期收益。

3. 扩大农产品的直接销售 农产品的自身特性要求周转时间短，同时，由于消费的主要形式是以家庭为单位分散购买，规模利润小，选择直销形式可减少中间环节，还能实现私人定制。目前农产品直销形式主要有订单直销、直营店销售、社区配送、电商销售、观光采摘等。

4. 创新农产品促销方式 “好酒也要吆喝着卖”。促销时应利用流量思维，引起消费者聚焦，扩大产品知名度，激发消费者的购买欲望。目前其主要形式有农业展会促销（如农博会、农展会、农交会）、新闻媒体宣传促销（如专题采访、广告等）、农事节庆活动促销（如葡萄节、草莓节、茶文化节等）、公共关系促销（如开展公益事业、慈善捐助等）。

模块小结

本模块主要介绍了农产品市场调查与预测、农产品市场细分与定位、农业企业产品品牌管理、农业企业产品营销策略 4 个方面的内容，要求学员对农产品未来销售的市场变化和发展趋势进行判断与推测，掌握农产品市场细分与定位的方法，对农产品品牌的相关理论有所了解，学会制定农产品品牌营销策略。

思考题

1. 简述农产品市场调查的步骤。
2. 农产品市场细分有何作用？
3. 农产品市场定位有哪些策略？
4. 农产品品牌建设的意义有哪些？
5. 基于顾客让渡价值的农产品营销组合策略有哪些？
6. 农产品营销的特点与目标是什么？

项目训练

农产品市场细分与定位训练

1. 活动目标 培养学生进行农产品市场细分和市场定位的能力。

2. 活动组织 4～6人为1组，经过讨论、调研，对选定的农产品进行市场细分，并进行市场定位。

3. 活动提示 要求学生选择某一农产品为研究对象，有针对性地进行专项调研，在此基础上进行市场细分和恰当的市场定位。

4. 活动成果 老师根据下列标准给予学生评定：①能够按时完成；②资料来源真实；③发挥团队作用；④分析透彻，方案可行；⑤制作PPT，与同学分享。

模块七 农业企业财务管理

学习目的

通过本模块的学习，理解农业企业成本管理的含义；掌握完全成本法、变动成本法的计算与分析，认知股利分配战略选择的类型；掌握农业企业财务指标的计算；认知农业企业非财务指标评价体系，培养农业企业家的成本意识与财务分析能力。

主要内容

企业财务管理的目标是为企业创造财富或实现价值最大化。鉴于财务活动直接从价值方面反映企业商品或服务的提供过程，因而财务管理可为企业的价值创造发挥重要作用。要管理经营好一家现代农业企业，必须要对财务管理的目标和内容有所了解。本模块主要介绍农业企业成本管理的含义，完全成本法、变动成本法的计算与分析，股利分配战略选择的类型，农业企业财务指标与非财务指标评价体系，从中你将学到如何达成农业企业财务管理的目标，形成现代化企业的财务管理理念。

【案例导入】

是不是亏损的家禽品种一定要停止养殖？

江苏省兴化市一家禽养殖企业养殖甲类家禽6万只、乙类家禽2万只。假设当期养殖的家禽全部出售，销售单价为甲类家禽30元/只、乙类家禽20元/只；种苗、饲料、兽药等单位变动成本甲类家禽20元/只、乙类家禽16元/只；房屋设备在年初一次性投入，假设当年的固定资产折旧及维护费为40万元，其中甲类家禽分摊30万元、乙类家禽分摊10万元。

不考虑其他因素，一个养殖周期的营业收入、成本费用、利润总额计算如下：

甲类家禽营业收入＝30×6＝180（万元）

乙类家禽营业收入＝20×2＝40（万元）

甲类家禽成本费用＝20×6＋30＝150（万元）

乙类家禽成本费用＝16×2＋10＝42（万元）

甲类家禽利润总额＝180－150＝30（万元）

乙类家禽利润总额＝40－42＝－2（万元）

利润总额合计＝30－2＝28（万元）

通过上面的计算可知，养殖甲类家禽盈利 30 万元，养殖乙类家禽亏损 2 万元，合计盈利 28 万元，如果这家农业企业在现有的投资规模下，只养殖甲类家禽 6 万只，停止养殖亏损的乙类家禽 2 万只，假设养殖乙类家禽的专用设备不能改变用途。收入、成本费用、利润总额计算如下：

营业收入＝30×6＝180（万元）

成本费用＝20×6＋40＝160（万元）

利润总额＝180－160＝20（万元）

想一想？

1. 农业企业的成本费用项目一般包括哪些？
2. 哪些成本费用项目随着业务量的增长而增加，哪些成本费用项目随着业务量的增长而基本不变？
3. 为什么停止养殖亏损的乙类家禽，总利润反而从 28 万元降低到 20 万元呢？

任务一 农业企业成本管理

一、成本管理的含义

成本管理是企业在营运过程中实施成本预测、成本决策、成本计划、成本控制、成本核算、成本分析和成本考核等一系列管理活动的总称。其中，事前成本管理包括成本预测、成本决策和成本计划；事中成本管理包括成本控制；事后成本管理包括成本核算、成本分析和成本考核。企业成本管理的方法一般包括完全成本法、变动成本法、作业成本法、目标成本法和标准成本法等。本部分重点介绍完全成本法与变动成本法。

二、完全成本法

1. 会计成本的概念 财务会计学上对成本的分析一般是从一个组织的角度对其生产的产品或提供的服务的代价进行分析，且对代价的计量是以历史成本原则为基础的。

成本的计量要求遵循历史成本原则。如我国会计准则规定，成本是指企业为生产产品、提供劳务而发生的各种耗费。企业在生产经营过程中所发生的其他各项费用，应当以实际发生数计入成本、费用；企业应支付职工的工资，应当根据规定的工资标准、工时、产量记录等资料计算职工工资，计入成本、费用；企业在生产经营过程中所耗用的各项材料，应按实际耗用数量和账面单价计算，计入成本、费用。从上面的规定可以看出，记入成本的各种耗费都是按照实际发生的金额，即历史成本来计量的。

因此，会计成本从计量的角度看，是一种历史成本，是在生产产品或者提供服务时已经发生的代价，具有客观性。

2. 完全成本法的成本项目分类 在财务会计中，企业总成本被分为产品成本和经营成本（图 7－1）。产品成本也称生产成本，是指在产品生产过程中所消耗的材料、人工和机器厂房折旧的金额。在产品成本的核算中，一般将产品成本划分为直接材料、直接人工和制造费用 3 个成本项目。直接材料成本是指在产品生产过程中被直接消耗掉的原材料的成本。例如在农产品生产中，种子、农药以及肥料的消耗都属于直接材料成本。直接人工成本是指那些直接参与产品生产的劳动力成本。例如在农作物的生产中，支付给农业工人播种、收获的工资就属于直接人工成本。制造费用又称间接成本，是指在产品生产中耗费的与生产没有直接关系的材料、

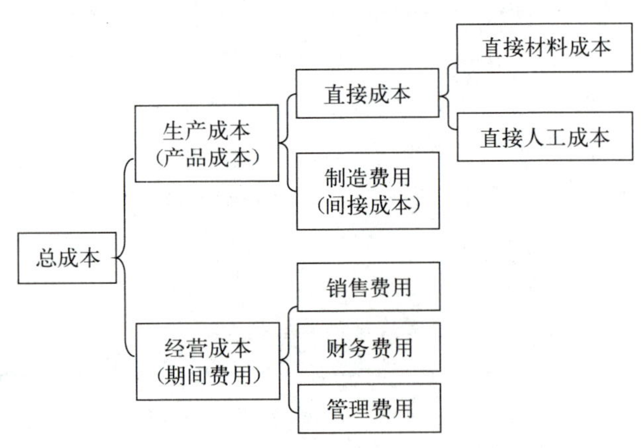

图 7－1　会计学上成本项目的划分

人工成本和机器厂房折旧。如在农业生产中，农业机械的折旧就属于制造费用。

在账务核算上，由于直接材料成本和直接人工成本可以追溯到个别产品，所以在记入产品成本账户时可直接计入，因此，产品成本中的直接成本部分从理论上讲是客观的和准确的。由于间接成本部分与生产没有直接关系，所以在企业生产两种以上的产品时，必须按照某一种标准把这些费用在产品间分摊后才能计入某产品的成本账户。由于不存在客观的分摊标准，标准由人们主观确定，所以产品生产成本中的间接成本部分相对于直接成本部分而言具有主观随意性，并不准确。因此，在计算产品生产成本时，有一个准确性问题。

除在生产中发生的成本支出外，企业在筹集资金、销售产品以及对企业经营活动进行管理的过程中也会发生各种支出，这些生产以外的支出构成企业总成本的一部分，一般被称为经营成本。在账务处理上，经营成本不计入产品的成本账户，而是作为期间费用直接计入当期损益。

三、变动成本法

（一）变动成本法概述

变动成本法是指企业以成本性态分析为前提条件，仅将生产过程中消耗的变动成本作为产品成本的构成内容，而将固定生产的非生产成本作为期间成本，直接由当期收益予以补偿的一种成本管理方法。变动成本法通常用于分析各种产品的盈利能力，为正确制定经营决策，科学进行成本计划、成本控制和成本评价与考核等工作提供有用信息。

变动成本法一般适用于同时具备以下特征的企业：企业固定成本比重较大，当产品更新换代的速度较快时，分摊计入产品成本中的固定成本比重大，采用变动成本法可以正确反映产品盈利状况；企业规模大，产品或服务的种类多，固定成本分摊存在较大困难；企业作业保持相对稳定。

1. 成本性态 成本性态是指成本与业务量之间的相互依存关系。按照成本性态，成本可划分为固定成本、变动成本和混合成本。

（1）固定成本。固定成本是指在一定范围内，总额不随业务量变动而增减变动，但单位成本随业务量增加而相对减少的成本。

（2）变动成本。变动成本是指在一定范围内，总额随业务量变动发生相应的正比例变动，而单位成本保持不变的成本。

（3）混合成本。混合成本是指总额随业务量变动但不成正比例变动的成本。

2. 变动成本法的应用环境 企业应用变动成本法时所处的外部环境一般应具备以下特点：①市场竞争环境激烈，需要频繁进行短期经营决策；②市场相对稳定，产品差异化程度不大，有利于企业进行价格等短期决策。企业应保证成本基础信息记录完整，财务会计核算基础工作完善；建立较好的成本性态分析基础，具有划分固定成本与变动成本的科学标准，以及划分标准的使用流程与规范。企业能够及时、全面、准确地收集与提供有关产量、成本、利润以及成本性态等方面的信息。

3. 变动成本法的应用程序 企业应用变动成本法，一般按照成本性态分析、变动成本计算、损益计算等程序进行。

4. 变动成本法的优缺点

（1）优点。变动成本法的主要优点是：①区分固定成本与变动成本，有利于明确企业产品盈利能力和划分成本责任；②保持利润与销售量增减一致，促进以销定产；③揭示了销售量、成本与利润之间的依存关系，使当期利润真正反映企业经营状况，有利于企业经营预测和决策。

（2）缺点。变动成本法的主要缺点是：①计算的单位成本并不是完全成本，不能反映产品生产过程中发生的全部耗费；②不能适应长期决策的需要。

（二）成本性态分析

成本性态分析是指企业基于成本与业务量之间的关系，运用技术方法，将业务范围内发生的成本分解为固定成本和变动成本的过程。如果一项成本为混合成本，就需要运用一定的方法对其进行分解。混合成本的分解方法主要包括高低点法、回归分析法、账户分析法（也称会计分析法）、技术测定法（也称工业工程法）、合同确认法。高低点法及回归分析法需要借助数学方法进行分解，账户分析法、技术测定法及合同确认法可通过直接分析认定。本部分重点介绍高低点法的应用。

企业以过去某一会计期间的总成本和业务量资料为依据，从中选取业务量最高点和业务量最低点，将总成本进行分解，得出成本模型。其计算公式如下：

$$\text{单位变动成本}=\frac{\text{最高点业务量成本}-\text{最低点业务量成本}}{\text{最高点业务量}-\text{最低点业务量}}$$

固定成本总额＝最高点业务量的成本—单位变动成本×最高点业务量

或：　　　　＝最低点业务量的成本—单位变动成本×最低点业务量

读一读

某企业2017年1—6月生产A产品的成本资料如下：

表7-1 某企业2017年1—6月生产A产品的成本资料

月份	产量（件）	实际成本（万元）
1	145	841
2	135	785
3	148	860
4	146	848
5	149	865
6	155	900

要求：用高低点法确定A产品的单位变动成本和固定成本总额。

$$单位变动成本=\frac{900-785}{155-135}=5.75（万元）$$

固定成本总额$=900-5.75\times155=8.75$（万元）

由此可知，A产品的成本性态模型为：$Y=8.75+5.75X$

该模型说明A产品的单位变动成本为5.75万元，固定成本总额为8.75万元。

（三）变动成本法的应用

1. 变动成本计算 在变动成本法下，为加强短期经营决策，按照成本性态，企业的生产成本分为变动生产成本和固定生产成本，非生产成本分为变动非生产成本和固定非生产成本。其中，只有变动生产成本构成产品成本，其随产品实体的流动而流动，随产量变动而变动。

在变动成本法下，产品成本包括直接材料成本、直接人工成本和变动制造费用。在完全成本法下，产品成本包括直接材料成本、直接人工成本和全部制造费用。变动成本法把固定制造费用视同期间成本全额计入当期损益，理由是在现有生产条件下，固定制造费用是按期发生的，并不因产量的变化而变化，其效益会随时间的推移而消逝，不可能递延至下一个会计期间。

2. 损益计算 在变动成本法下，利润的计算通常采用贡献式损益表，该表一般包括营业收入、变动成本、边际贡献、固定成本、利润等项目。其中，变动

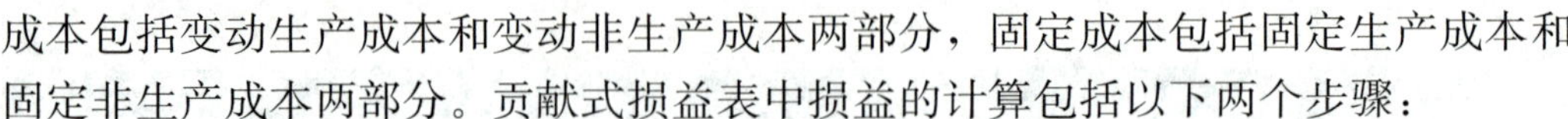

成本包括变动生产成本和变动非生产成本两部分，固定成本包括固定生产成本和固定非生产成本两部分。贡献式损益表中损益的计算包括以下两个步骤：

（1）计算边际贡献总额。

边际贡献总额＝营业收入总额－变动成本总额
＝销售单价×销售量－单位变动成本×销售量
＝(销售单价－单位变动成本)×销售量
＝单位边际贡献×销售量

（2）计算当期利润。

利润＝边际贡献总额－固定成本总额

四、成本管理观念的转变

随着商业环境（经济全球化、顾客导向、现代制造技术和信息技术）的变化和商业模式与管理方式的变革，企业成本管理的观念也要相应发生转变，超越传统的成本核算和产品成本管理范畴，从战略角度谋求竞争优势。具体包括：①从注重成本核算向成本控制转变；②从成本经营性控制向成本规划性控制转变；③从产品制造成本管理向产品总成本管理转变；④从静态成本管理向动态成本管理转变。

读一读

某企业生产A、B、C三种产品，其中B产品期初存货量为0，本期产量为100件，销量为50件，单位售价为40万元。其他相关成本资料如表7-2所示。

表7-2　B产品本期有关成本资料

序号	成本项目	金额（万元）
1	单位直接材料成本	8.5
2	单位直接人工成本	3.6
3	单位变动制造费用	5.5
4	固定性制造费用总额	400
5	单位变动性销售及管理费用	4.8
6	固定性销售及管理费用总额	280

1. 在变动成本法下，B产品利润的计算过程如下：

(1) 单位产品成本＝8.5＋3.6＋5.5＝17.60（万元）

(2) 销售成本＝17.60×50＝880（万元）

(3) 边际贡献总额＝40×50－(880＋4.8×50)＝880（万元）

(4) 利润＝880－(400＋280)＝200（万元）

2. 如果采用完全成本法，则B产品利润的计算过程如下：

(1) 单位产品成本＝8.5＋3.6＋5.5＋(400÷100)＝21.60（万元）

(2) 销售成本＝21.60×50＝1 080（万元）

(3) 期间成本＝4.8×50＋280＝520（万元）

(4) 利润＝40×50－1 080－520＝400（万元）

（资料来源：财政部会计资格评价中心．高级会计实务[M]．北京：经济科学出版社，2018.）

任务二　农业企业利润分配管理

一、分配战略概述

1. 分配战略的内涵　分配战略或称收益分配战略，从广义来讲，是指以战略眼光确定企业收益留存与分配的比例，以保证企业债权人、员工、国家和股东的长远利益。收益分配战略主要包括企业收益分配战略和股利分配战略等，然而，由于企业与债权人、员工及国家之间的收益分配大都有比较固定的政策或规定，只有对股东收益的分配富有弹性，使得股利分配战略成为收益分配战略的重点，或者说狭义的分配战略是指股利分配战略。股利分配战略的内容包括股利支付率、股利稳定性和信息传递3个方面。

2. 股利分配战略的目标　其目标包括：①促进公司长远发展；②保障股东权益；③稳定股价，保证公司股价在较长时期内基本稳定。公司应根据股利分配战略目标的要求，通过制定恰当的股利分配政策来确定是否发放股利、发放多少股利以及何时发放股利等重大方针政策问题。

3. 股利分配战略的原则　股利分配战略的制定必须以投资战略和筹资战略为依据，为企业整体战略服务。股利分配战略的原则主要体现在以下几个方面：

(1) 股利分配战略应优先满足企业战略实施所需的资金，并与企业战略预期的现金流量状况保持协调一致。

（2）股利分配战略应能传达管理部门想要传达的信息，尽力创造并维持一个企业战略所需的良好环境。

（3）股利分配战略必须把股东们的短期利益、支付股利与长期利益及增加内部积累很好地结合起来。

二、股利分配的战略选择

（一）股利分配战略选择的影响因素

选择股利分配战略必须首先分析股利分配的制约和影响因素。影响股利分配战略的因素主要有：

1. 法律因素

（1）资本限制。资本限制是指企业支付股利不能减少资本（包括资本金和资本公积金）。这一限制是为了保证企业持有足够的权益资本，以维护债权人的利益。

（2）偿债能力的限制。如果一个企业的经济能力已降到无力偿付债务或支付股利将使企业丧失偿债能力，则企业不能支付股利。这一限制的目的也是为了保护债权人。

（3）内部积累的限制。有些法律规定禁止企业过度保留盈余。如果一个企业的保留盈余超出目前和未来的投资很多，则被看作是过度的内部积累，要受到法律上的限制。这是因为有些企业为了保护高收入股东的利益，故意压低股利的支付，多留利少分配，用增加保留盈余的办法来提高企业股票的市场价格，使股东逃税。有的国家税法规定，对企业过度增加保留盈余征收附加税作为处罚。

2. 债务（合同）条款因素　债务，特别是长期债务合同通常包括限制企业现金股利支付权力的一些条款，限制内容通常包括：①营运资金（流动资产一流动负债）低于某一水平，企业不得支付股利；②企业只有在新增利润的条件下才可进行股利分配；③企业只有先满足累计优先股股利后才可进行普通股股利分配。这些条件在一定程度上保护了债权人和优先股东的利益。

3. 股东类型因素　企业的股利分配最终要由董事会来确定。董事会是股东的代表，在制定股利战略时，必须尊重股东们的意见。股东类型不同，其意见也不尽相同，大致可分为以下几种：①为保证控制权而限制股利支付；②为避税而限制股利支付；③为取得收益而要求支付股利；④为回避风险而要求支付股利；⑤由于不同的心理偏好和金融传统而要求支付股利。

4. 经济因素 宏观经济环境的状况与趋势会影响企业的财务状况，进而影响股利分配。影响股利分配的具体经济因素有：①现金流量因素；②筹资能力因素；③投资机会因素；④公司加权资金成本；⑤股利分配的惯性。

综合以上各种因素对股利分配的影响，企业可拟订出可行的股利分配备选方案。此后，企业还需按照企业战略的要求对这些方案进行分析、评价，从中选出与企业战略协调一致的股利分配方案，确定企业在未来战略期间内的股利战略，并予以实施。

（二）股利分配战略选择的类型

1. 剩余股利战略 在发放股利时，优先考虑投资的需要，如果投资过后还有剩余则发放股利，没有剩余则不发放。这种战略的核心思想是以公司的投资为先、发展为重。

2. 稳定或持续增加的股利战略 稳定的股利战略是指公司的股利分配在一段时间内维持不变；而持续增加的股利战略则是指公司的股利分配每年按一个固定成长率持续增加。

3. 固定股利支付率战略 公司将每年盈利的某一固定百分比作为股利分配给股东。它与剩余股利战略正好相反，优先考虑的是股利，后考虑保留盈余。

4. 低正常股利加额外股利战略 公司事先设定一个较低的经常性股利额，一般情况下，公司都按此金额发放股利，只有当累积的盈余和资金相对较多时，才向股东支付正常股利以外的额外股利。

5. 零股利战略 这种股利战略是将企业所有剩余盈余都投资回本企业中。在企业成长阶段通常会使用这种股利政策，并将其反映在股价的增长中。但是，当成长阶段已经结束，并且项目不再有正的现金净流量时，就需要积累现金和制定新的股利分配战略。

读一读

A股份有限公司属于农业企业，已在深圳证券交易所挂牌交易17年，公司业务涵盖种业运营和农业服务两大体系。2016年，公司实现营业收入22.99亿元，同比增长13.5%；净利润5.01亿元，同比增长2.05%。

该公司上市17年来，每年均发放现金股利，创造了一个长期持续分红的新的历史纪录，公司的年平均红利支付率高达60%～80%，使一些稳健的投资者获利颇多，投资者通过现金分红可以稳定地获取长期远高于银行定期储蓄的收益率。该公司因17年连续分配高额的现金股利，被称为“现金奶牛”，为深市中稳健并坚持长期价值投资的股东所青睐。

探究A公司优厚分红背后的原因，有以下几点影响其分配战略的因素：

首先，与其董事长发放股利的承诺有直接关系。在第一次股东大会上，董事长就承诺要给投资者一个好的回报。

其次，从公司现有的股东构成来看，控股公司及第二大股东都是外资公司，都赞成并倾向于长期现金分红。该股票持有期收益率短期波动较大，但是长期持有（8年及8年以上）的投资者获得的股利收益（股票投资效益）均远高于同期银行存款利率，表明公司的股利政策可使长期持有的股东获得较大收益。

最后，通过派发高额现金股利，“自然选择”出符合公司战略的股东，选择出与公司发展目标一致的股东，自然避免了不必要的分歧，起到了提高公司价值的作用。

稳定的股利向市场传递公司正常发展的信息，可树立公司的良好形象；持续增加的股利代表公司未来良好的发展前景，有利于保障股权权益，增强投资者对公司的信心，稳定股票价格。

（资料来源：财政部会计资格评价中心．高级会计实务［M］．北京：经济科学出版社，2018.）

任务三　农业企业经营效益评价

农业企业绩效评价指标体系是指为实现评价目的，按照系统论方法构建的由一系列反映农业企业各个侧面相关指标集合的系统结构，它由财务指标体系和非财务指标体系构成。

一、财务指标体系

随着社会的发展，企业绩效的内涵也在不断发展和完善。对一个企业绩效的评价，应评价哪些内容、考虑哪些因素，取决于不同的评价目的和评价者的评价角度，并随着社会经济的发展和市场环境的变化而变化。但无论如何变化和发展，盈利能力、营运能力、偿债能力 3 个方面仍然是反映企业绩效关键所在的最重要、最基本的因素。

读一读

某实业股份有限公司（以下简称“该公司”）是中央农业企业——中国农业发展集团有限公司作为实际控制人管理的央企控股上市公司，成立于 1998 年 12 月 25 日，其股票于 1999 年 1 月 7 日在上海证券交易所上市。该公司是目前国内唯一一家能够全方位为养殖业提供服务的股份有限公司，从动物成长各阶段所需要的各种补养品、预防和治疗动物疾病的各类保健品，到为动物养殖户提供养殖技术培训和辅导，这些服务共同构建起该公司在同类公司中鲜明突出的特点。

具体财务数据及分析见下文。

下面结合具体案例进行理解与分析。

（一）偿债能力分析及常用指标

偿债能力是指企业到期偿还债务的能力，通常包括短期偿债能力分析和长期偿债能力分析。短期偿债能力分析指标包括流动比率和速动比率，长期偿债能力分析指标包括资产负债比率和产权比率。

我们对该公司 2013—2017 年的财务数据进行纵向的分析比较，具体比较的内容有资产、负债以及所有者权益，然后进行财务指标的分析，主要是通过综合运用多项财务指标来探讨该公司近年来的短期偿债能力和长期偿债能力。

1. 短期偿债能力分析 短期偿债能力是指企业对短期债权人权益或其负担的短期债务的保障程度，主要取决于企业资产的流动比率与速动比率等。

流动比率＝流动资产/流动负债

企业的流动比率指标越高，说明企业的资产流动性越好，反映企业短期偿债能力越好。一般推断认为，流动比率为 2∶1 较为适宜，此时企业的财务基础较为稳定。

速动比率＝速动资产/流动负债

其中，速动资产是指流动资产扣除存货和未来不能变现预付账款。速动比率指标越高，说明流动性越好，企业的偿债能力越好。一般推断认为，速动比率为 1∶1 较为适宜，此时企业的财务基础较为稳固。

读一读

该公司的偿债能力指标如表7-3所示。

表7-3 偿债能力指标

(2013—2017年)

指标	2017年	2016年	2015年	2014年	2013年
总资产（万元）	628293	603068	439036	427949	371401
总负债（万元）	232934	233652	103462	111102	87721
股东权益（万元）	368039	335757	303719	285073	258402
流动比率（%）	3.2	3.03	1.91	1.93	2.64
速动比率（%）	2.6	2.51	1.21	1.21	2.03
资产负债率（%）	37.07	38.74	23.57	25.96	23.62

从表7-3可以看出，该公司2015年的流动比率最低，为1.91，而2013—2017年的流动比率都在2.5上下浮动，表明该公司财务状况稳定可靠，除了满足日常生产经营的流动资金需要外，还有足够的财力偿付到期短期债务。一般情况下，流动比率越高，说明企业短期偿债能力越强，债权人的权益越有保证。

从表7-3可以看出，2013—2017年，该公司的速动比率一直大于1，说明企业偿还的安全性很高，但同时因企业现金及应收账款占用过多，大大增加了企业的机会成本。

2. 长期偿债能力分析 长期偿债能力是指企业对债务的承担能力和对偿还债务的保障能力。长期偿债能力分析是企业债权人、投资者、经营者和与企业有关联的各方面都十分关注的重要问题。分析企业长期偿债能力主要是为了确定该企业偿还债务本金和支付债务利息的能力，长期偿债能力的强弱是反映企业财务安全和稳定程度的重要标志，其主要衡量指标有资产负债率和产权比率。

（1）资产负债率。其公式为：

$$资产负债率=负债总额/资产总额\times 100\%$$

对于债权人来说，资产负债率越低越好，说明企业偿债有保证。对于权益性投资者来说，投资者所关心的是全部资本利润率是否超过借入资本的利率，即借入资金的利息率。若全部资本利润率超过利息率，投资者所得到的利润就会加大，资产负债率越高越好；如果相反，全部资本利润率低于借入资金利息率，投资者所得到的利润就会减少，资产负债率越高则对投资者越不利。

（2）产权比率。其公式为：

产权比率＝负债总额/所有者权益×100%

一般而言，产权比率指标高，说明企业的基本财务结构与资本结构具有高风险、高收益的特性；反之亦然。

读一读

该公司的资产负债率如表 7-4 所示。

表 7-4　资产负债率

报告日期	2017 年	2016 年	2015 年	2014 年	2013 年
资产（万元）	628293	603068	439036	427949	371401
负债（万元）	232934	233652	103462	111102	87721
资产负债率（%）	37.07	38.74	23.57	25.96	23.62
所有者权益（万元）	395359	369416	335574	316847	283679

从表 7-4 可以看出，2013—2017 年资产负债率总的趋势在上升，资产负债率指标越大，说明企业的债务负担越重。经营者只考虑了眼前的利益而忽视了长远利益，没有合理利用固定资产，资本结构不够优化。

（二）营运能力分析及常用指标

营运能力是指企业配置经济资源、安排资本结构及调控流动资金的水平与潜力。反映企业营运能力的指标主要有应收账款周转率、存货周转率和总资产周转率。

1. 应收账款周转率　其公式为：

应收账款周转率（次数）＝销售额/应收账款

其中，销售额为赊销收入扣除折扣及折让。

应收账款周转率（天数）＝360 天/应收账款周转次数

该指标是指应收账款周转依次所需要的时间（天数）。一般情况下，应收账款周转天数越少，表明应收账款回收的速度越快，资金被其他单位占用的时间越短，企业管理应收账款的效率也就越高。

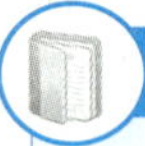

读一读

该公司 2013—2017 年的应收账款周转率如表 7-5 所示。

表 7-5　2013—2017 年应收账款周转率

报告日期	2017 年	2016 年	2015 年	2014 年	2013 年
应收账款周转率（次）	19.3	20.68	19.29	12.48	9.52
应收账款周转天数（天）	18	17	18	28	37

基于表 7-5 的数据，该公司 2017 年的应收账款周转率比 2016 年降低了 1.38，应收账款周转天数延长了 1 天，表明该公司应收账款变现过于缓慢，应收账款的管理缺乏效率，营运资金会过多地停滞在应收账款上，影响资金的正常运转。

2. 存货周转率　存货周转率是一定时期内企业销货成本与存货平均余额间的比率，是衡量和评价公司购入存货、投入生产、销售回款等各环节管理状况的指标。它可以反映出企业的销售能力和流动资产的流动性，也是衡量企业生产经营各个环节中存货运营效率的一个综合指标，其公式为：

存货周转率（次数）＝销货成本/存货

其中，存货是指平均存货水平。一般情况下，该指标值越大越好，指标值越大，表明企业的销货成本数额越大，企业的销售能力越强。

存货周转率（天数）＝360 天/存货周转次数

读一读

该公司 2013—2017 年的存货周转率如表 7-6 所示。

表 7-6　2013—2017 年存货周转率分析

报告日期	2017 年	2016 年	2015 年	2014 年	2013 年
存货周转率（次）	4.8	4.4	4.27	4.92	6.37
存货周转天数（天）	75	80	84	73	56

基于 7-6 数据，该公司 2017 年的存货周转率比 2016 年提高了 0.4 次，存货周转天数由 2016 年的 80 天降低到 2017 年的 75 天，表明该公司存货管理效率有所提高。而存货周转天数降低说明该公司的出货效率加快，公司的营运能力有所加强。

3. 总资产周转率分析 总资产周转率也称总资产利用率，是企业营业收入与资产平均总额的比率，即企业的总资产在一定时期内（通常是1年）周转的次数。总资产周转率是综合评价企业全部资产经营质量和利用效率的重要指标，其公式为：

总资产周转率（次数）=销售收入净额/全部资产

总资产周转率（天数）=360天/总资产周转次数

读一读

该公司2013—2017年的总资产周转率如表7-7所示。

表7-7 2013—2017年总资产周转率分析

报告日期	2017年	2016年	2015年	2014年	2013年
总资产周转率（次）	0.66	0.76	0.98	1.01	1.08
总资产周转天数（天）	544	472	368	356	332

总资产周转率越高，表明总资产周转速度越快，代表企业的营运能力越强。基于表7-7的数据，该公司2017年总资产周转率为0.66次，即平均544.63天周转一次，周转速度比2013年下降了0.42次，说明该企业的营运能力在变弱。

（三）盈利能力分析及常用指标

盈利是企业经营与理财的出发点和归宿，是企业生存与发展的条件与保证。盈利能力通常是指企业获取报酬及利润的潜力或可能性，它反映企业在一定时期内赚钱的多少和水平的高低。反映企业盈利能力的指标主要有营业毛利率、营业利润率、净资产收益率、总资产报酬率、每股收益和每股净资产等。

1. 营业毛利率 其公式为：

营业毛利率=毛利/营业收入×100%

其中：毛利=营业收入—营业成本

营业毛利率反映企业生产环节效率的高低。

2. 营业利润率 其公式为：

营业利润率=营业利润/营业收入×100%

营业利润率表明每单位营业收入创造的营业利润，反映企业的盈利能力。营业净利率是指该公司的税后净利润占所有营业收入的比率，用来衡量企业在一定时期的营业收入获取利润的能力。

3. 净资产收益率 其公式为：

净资产收益率=净利润/年度末股东权益×100%

在计算该指标时，分母除了用平均股东权益或期末的普通股权益外，有时也用期初的普通股权益。该指标是企业盈利能力指标的核心，也是整个财务指标体系的核心，该指标越高，说明企业的盈利能力越好。

读一读

该公司的盈利能力如表7-8所示。

表7-8 盈利能力

项目	2017年	2016年	2015年	2014年	2013年
营业收入（万元）	406973	397387	423419	403544	363975
营业成本（万元）	292242	28062	313705	306903	275533
毛利（万元）	114731	116766	109714	96641	88442
营业毛利率（%）	28.1	29.3	25.9	23.9	24.2
净资产收益率（%）	10.87	9.96	9.08	10.19	9.12
净利润（万元）	42559	29079	13119	8486	36062
营业净利率（%）	10.45	7.31	3.09	2.10	9.91

基于表7-8的数据，该公司的营业毛利率在2013—2017年主要呈上升趋势，销售收入的增长加上对营业成本的良好控制，使营业毛利率得以提高。

该公司2014—2017年的营业收益逐年提高，净利润飞速增长，销售收入的增长加上对成本费用的良好控制，使销售利润率得到提高，因此营业净利率也在逐年提高。

该公司2015—2017年净资产收益率呈上升趋势，说明该公司的经营状况在上升，这对于投资者来说是投资收益的增加，会使投资者加大投资。

4. 总资产报酬率 其公式为：

总资产报酬率=收益/资产×100%

其中，资产是指平均总资产，该指标可以衡量企业投入资本的盈利性指标，用来反映和评价企业资产的综合利用效果，从而衡量企业的管理绩效与盈利水平，与盈利能力联动。

5. 每股收益 其公式为：

每股收益＝净收益/普通股股数

其中，净收益是指税后盈利扣除优先股股利，而普通股股数是指流通在外的股数。

6. 每股净资产 其公式为：

每股净资产＝股东权益/总股数

这一指标反映每股股票所拥有的资产现值。

二、非财务指标体系

借鉴国内外企业绩效评价经验，针对现行企业绩效评价体系和农业企业的经营特点，从农业企业的外部环境、学习创新能力、制度建设、机制转换等非财务角度出发，按照重要性原则分类排队，选择农业企业经营外部环境、经营者基本素质、产品质量、产品市场占有能力、在岗员工素质、技术装备与改造水平、发展创新能力、综合社会贡献、生态环境保护这几个对企业经营具有重大影响的非定量因素作为我国农业企业绩效评价体系中的非财务指标，以实现对农业企业财务评价结果的进一步完善和再次的递进校正，力求形成更为客观、公正的企业绩效评价结论。

1. 农业企业经营外部环境 企业经营总是处于一定的外部环境之下，各个企业的经营绩效都或多或少地受到外部环境的影响。良好的外部环境能够帮助企业快速发展壮大，而恶劣的外部环境将使企业举步维艰，甚至会导致企业走向灭亡。影响农业企业经营的外部环境因素，从性质上可以分为自然因素、政治因素和经济因素。根据我国农业企业经营状况与经营特点分析，对目前我国农业企业影响巨大的外部环境因素有气候、农业基础设施建设、交通、融资渠道、农业产业化程度和政府支持力度等。实践证明，优惠的税收政策、优越的自然资源、良好的农业基础设施、便利的交通、良好的产前产后服务体系及丰富的贷款是许多优秀农业企业取得成功的必要条件。

2. 经营者基本素质 该项指标主要包括对企业知识结构、道德品质、敬业精神、协调组织能力和经营决策水平等方面的考察。企业经营者在企业经营管理活动中起着关键性作用，因为经营发展战略由经营者制定，经营决策由经营者做出，其素质直接关系到企业的兴衰成败。

3. 产品质量 目前，我国农产品的生产数量总体上已能满足国民的需求，随着国民生活水平的提高，人们对农产品的质量要求越来越高。另外，随着我国加入农产品市场的国际竞争，进一步要求农业企业建立严格的农产品检测体系、质量评价体系和监督管理体系。

4. 产品市场占有能力 该指标主要指农业企业产品的市场占有情况、消费者对企业产品和服务的满意度及社会公众对企业的认可程度等。

5. 在岗员工素质 该项指标包括员工的道德文化水平、知识技能状况、岗位适应情况、主观能动性的发挥等方面的内容。当前，农业企业，特别是规模较小的农业企业普遍存在着员工素质偏低的现象。一方面，大量的农业类大专院校学生从事着非农工作；另一方面，许多农业企业不得不使用未经正式职能培训的农民工，这也是导致企业劳动生产率低、产品质量难以合格的一个重要因素。

6. 技术装备与改造水平 该项指标包括农业企业的现有技术装备水平和改造情况等方面的内容。一个企业的技术装备水平对企业的市场竞争能力和持续发展能力具有十分重要的影响，在技术发展日新月异的今天，如果装备先进的企业不注意跟踪和研究最新技术进步成果，其先进的技术装备也会变成落后的生产力。我国农业企业总体技术装备与改造水平低，严重影响企业生产率的提高，导致企业发展后劲不足。

7. 发展创新能力 现代社会经济发展瞬息万变，要在市场竞争中立于不败之地，确保企业持续发展，必须不断进行创新。创新包括企业的组织创新、技术创新、管理创新、产品创新和观念创新等多方面内容。

8. 综合社会贡献 农业企业是社会再生产过程中的一个特定组织，它的稳定发展同其他企业一样，能够促使社会维持和扩大再生产，保证企业出资人获得丰厚的投资报酬，企业员工获得稳定的收入来源，政府征收到高额的税款，给社会带来财富与稳定。同时，农业企业能带动和促进农业生产结构调整，形成农业规模化和专业化经营，帮助农民就业和节支增收，促进农民组织化程度和农业科技水平相应提高，农村市场体系得以建立，农村城镇化建设加快，最终实现农业产业化和农业现代化。以综合社会贡献对农业企业绩效进行校正，可体现农业企业巨大的社会效益。

9. 生态环境保护 该指标主要考核农业企业与生态环境之间的协调程度。可通过设置绿色植物覆盖率、水土流失率等控制污染类指标和生态环境改善投入类指标，考核企业在利用自然、农业资源进行生产经营活动的过程，对农业生态环境构成破坏的程度以及在保护生态环境方面的投入情况，促使企业在减少环境污染、降低环境成本的基础上实现最合理的利润。

农业企业绩效评价标准包括定量评价标准和定性评价标准，是农业企业绩效评价体系的要素内容之一，是评价工作的基本准绳，也是客观评判评价对象优劣的具体参照物和对比尺度，在整个评价体系中占有重要地位。

模块小结

本模块主要介绍了农业企业成本管理的含义、完全成本法与变动成本法的计算与分析、股利分配战略选择的类型等几个方面，并对农业企业财务指标与非财务指标评价体系进行了阐述。通过本模块的学习，要求学员理解农业企业成本管理的含义；掌握完全成本法、变动成本法的计算与分析，认知股利分配战略选择的类型；掌握农业企业财务指标的计算；认知农业企业非财务指标评价体系。

思考题

根据当地的具体情况，结合自己的经历，分组讨论：

1. 农业企业成本管理的含义与原则是什么？
2. 完全成本法、变动成本法的区别有哪些？
3. 股利分配战略有哪些类型？应如何选择？
4. 农业企业盈利能力、营运能力、偿债能力指标分别有哪些？应如何进行分析？
5. 农业企业非财务指标评价体系包括哪些内容？

项目训练

1. 某农业企业水稻生产总成本为 20 000 元，收获稻谷 2 万千克，副产品稻草收入 1 000 元。请计算单位主产品（稻谷）的成本。

2. 某养牛场 5 月基本牛群饲养费用为 419 000 元，厩肥价值 1 000 元，期内共生产牛奶 415 000 千克，产牛犊 30 头，假设每头牛犊的成本相当于 100 千克牛奶的成本。请分别计算牛奶和牛犊的单位成本及总成本。

3. 已知某农业加工企业的有关资料如下：存货期初数 2 000 万元，期末数 2 600 万元；流动负债期初数 1 600 万元，期末数 2 400 万元；速动比率期初数

0.8，流动比率期末数 1.8；总资产周转次数本期平均 1.5 次，总资产本期平均数 1 000 万元。

根据上述资料，要求：

(1) 计算该企业流动资产的期初数和期末数。

(2) 计算该企业本期营业收入。

(3) 计算该企业本期流动资产平均余额和流动资产周转率。

模块八
农业企业风险管理

学习目的

通过本模块的学习，认知农业企业风险及其分类，理解农业企业风险管理的基本原则，掌握农业企业风险应对的方法，树立农业企业家的风险意识。

主要内容

风险是指收益的不确定性。虽然风险的存在可能意味着收益的增加，但人们考虑更多的是损失发生的可能性。由于各种难以预料或无法控制的因素，使企业的实际收益与预计收益发生背离，从而有蒙受经济损失的可能性。本模块主要介绍农业企业风险及其分类、农业企业风险管理的基本原则和农业企业风险应对的策略。通过学习本模块，可培养农业企业家结合具体农业企业进行风险评估与应对的能力。

【案例导入】

农业企业风险无处不在

杨某曾自费到日本留学，研究过农业经济，回国后便想在农业产业上做出一番业绩。1995 年，他在对重庆武隆县仙女山及其周围的土质、气候进行考察后，发现这里特别适合种植猕猴桃。于是，他多方筹措资金，租用万亩荒山，全部种上了从新西兰引进的海沃特优质猕猴桃，进行以猕猴桃为主的农业综合开发。随后，杨某成立了“杨某实业有限责任公司”，并争取到了重庆市上百万元的银行贷款。在杨某实业有限责任公司的引导、帮助与支持下，整个武隆县的猕猴桃种植规模最高峰时达到近 4 万亩。

正当农民们守着自己的猕猴桃园规划着致富梦想的时候，一场突然暴发的“猕猴桃溃疡病”开始席卷整个种植区。根据重庆市农业局的调研结论，武隆县猕猴桃溃疡病于2000年首次在仙女山杨某果园发现，之后便呈上升趋势，并出现死树。2002年，在仙女山镇一些果园发生大量毁树现象，2003年出现区域性流行灾害，发病面积达到1 206亩。

就在这时，杨某经受不住打击，慢慢退出了猕猴桃的种植。而武隆县全境先前已种植的3万余亩猕猴桃也因疏于管理，绝大多数没能按时挂果。不仅如此，因为猕猴桃溃疡病的发生和短期内难以形成利润回报，武隆全县的种植户2006年已全面放弃了猕猴桃种植，一场规模宏大的致富梦想就这样埋葬在一根根T形水泥柱下。

种植失败之后，重庆市农业局曾经组织对武隆进行过大面积考察，得出的结论是该县适宜种植猕猴桃的面积可达10万亩以上，是发展猕猴桃的理想选择地。

由此看来，环境不是问题，在专家看来，猕猴桃种植的失败不仅是技术考量不够，还因为猕猴桃生产成本较高，无法承受，加之生产投入见效期长，最快也要3年，使果农失去了耐心和信心，这也是项目推广之前没有估计到的风险。同时，杨某的公司盲目扩大，管理跟不上，资金不到位，也与事前没有估量到相应风险有关。

（资料来源：mihoutao. 一场溃疡病摧毁了重庆猕猴桃之梦 . https：//www. pujiangmihoutao. com/17254. html，2017 - 06 - 30.）

想一想？

1. 杨某有着留学海外背景与政府资金的支持，为什么还是失败了？
2. 农业企业在生产经营过程中有哪些风险？风险的表现形式是什么？
3. 农业企业家在创业时应如何判断和规避风险？

任务一　农业企业的风险认知

一、农业企业的风险及其分类

（一）农业企业风险的含义

农业企业风险是指未来的不确定性对企业实现其目标的影响，一般用事件后果和发生可能性的组合来表达。企业在市场竞争环境中会受到各种事件的影响，这些事件对目标的实现均有积极或消极的影响。风险的内涵应从以下两个方面理解：

1. 风险与确定实现的目标相关 企业在创造价值的过程中，需要拥有战略、经营、财务、合规等目标，同时，目标也体现在企业的不同层次（如战略、组织范围、项目、产品和过程）中。要实现这些目标，就要根据不同企业所定目标逐一分析可能面临的事件及其影响，目标不同，面临的风险就不同。

2. 风险来自不确定性 企业经营所处的环境，如全球化、技术、重组、变化中的市场、竞争和管制等因素都会导致不确定性。受限于各种原因，这些不确定性的事件和后果（或可能性）并不能保证为企业所充分认识。不确定性带来了不利影响，也带来了机遇，如果能够合理认识和有效管理农业企业风险，有助于优化企业资源配置，创造更大的价值。

（二）农业企业风险的类别

按照风险的内容进行分类，风险可以分为自然风险、市场风险、制度风险、技术风险和信贷风险等。

1. 自然风险 农业产业经营最主要的风险是自然风险。在农业现代化和市场化过程中，自然风险作为一种客观现象依然存在。台风、洪水、干旱、地面下降、严寒、酷暑、病虫害、疫情、外来生物入侵等都会给农业的发展带来损失，有的损失可能是毁灭性的。自然风险有许多是不可知的，也无法避免；有些是可以预报的，可以通过人为预防或通过增强抗灾减灾措施来减少损失。当然，也有些自然风险的形成是人为的原因，如地面下降、外来生物入侵等。

2. 市场风险 在农业现代化和市场化过程中，市场风险已凸显为农业发展的主要风险。当前农业的市场风险主要有以下特征：

（1）价格波动。产品生产与销售在时间上的不对称与分割必然会导致农产品供求关系和市场价格的周期性波动，由此产生价格风险，成为农业市场风险的主要表现形式。

（2）在流通领域存在风险。由于农产品大多是鲜活商品，比较容易腐蚀，其流通过程必须迅速而安全。农产品的流通与工业产品的流通相比，更具专用性和即时性。

（3）艰巨性。当前我国农业仍以小规模的家庭经营为主，这就使得农产品的生产和消费十分分散，市场信息更加零星。小规模的家庭经营降低了市场效率，使农业在市场竞争中处于更加不利的地位，很难避免市场风险。

（4）预测风险具有不确定性。经济转型要求进一步开放农产品市场，而我国的农业产业结构比较单一，产品多样化程度低，很难消化由国际国内市场波动而引发的市场风险。面对庞大而复杂的国际国内市场，要对农业的市场风险进行有效预测，其难度是可想而知的。

3. 制度风险 20世纪80年代以来，我国农业出现的几次波动实际上就是因制度变革出现问题而形成的风险。其主要有以下几方面的原因：

（1）基本制度不完善。在改革开放的过程中，农业的基本制度，如土地的经营制度、流转制度，农民的财产制度、户籍制度、就业制度、养老制度，农业的经营制度、投资制度、保险制度等的创新与变革都还在不断完善之中。

（2）经营制度不配套。特别是原有的土地经营制度和计划经济体制先后被打破，而新的与市场经济体系相适的农业经营制度新体系尚在建立之中，新体制的各个方面还不配套。

（3）市场体系不健全。我国的农业市场运行机制正在建立之中，目前主要是农业市场主体缺位，造成农产品流通机制、农产品价格机制、市场信息传播及反馈机制等不健全、不完善。

（4）产业结构不合理。农业产业结构不合理已是共识。但是农业结构的战略性调整以及农业产业化经营作为一种制度创新和制度选择，无疑也是要付出成本的，要承担实施新制度和新结构的风险。

4. 技术风险 技术进步是农业现代化和市场化的一个重要特征。但是农业的技术进步带来的不仅是收益和效率，还有隐藏的风险。农业技术风险是指推进农业技术的实际收益与预期收益发生背离的可能性。

产生这种可能性的原因是多方面的。农业生产一般都是露天作业，具有很强的公开性，生产技术的保密性很差。绝大多数的农业技术属于经验型，比较容易被人模仿。无度的技术模仿有可能使产品供给增加，导致价格下降，使得实际收益小于预期收益。此外，我国的农民以中老年为主，科技文化水平普遍较低，因而在农业技术推广中，接受技术传递者的素质不高，难以掌握技术要领。总的来说，在农业现代化和市场化的过程中，农业技术在农业生产经营中的作用十分重要，而农业的技术风险也随之呈上升趋势。

读一读

埋在土壤里的风险

农民王某，在2008年和2009年大规模种植茄子，经过多年的积累，摸索出了一些管理经验，对茄子的主要疾病防治基本上能够“自助”。由于连年轮作，2010年5月，茄子叶片出现了大面积的茄子褐轮纹病，由于不了解致病原因，也不太清楚如何防治，王某只能凭借感觉采取试探性的办法，把多菌灵、托布津等农药都试用了一遍，结果不但不见效，反而影响了茄子的生长，产量大幅度下降。

点评：该农民的技术风险主要来源于两个方面：①茄子连年轮作，病原在土壤中积累；②由于农民对疾病的防治不确定，仍然按照过去的经验进行防治，盲目采用农药而造成了减产。

5. 信贷风险 在农业现代化和市场化的过程中，必要的信贷支持十分重要。随着农业的发展，农业借贷资金的规模会不断扩大，信贷风险也会相应增加。

产生信贷风险的原因主要有两个方面。

（1）预期成本很难准确预测。在市场经济条件下，即使是最为稳定的货币，价格也会随时变动。在农业信贷活动中，人们对借贷资金未来利率的变动或借贷货币汇率的变动是很难进行准确预测的。

（2）预期收益很难准确确定。在农业项目的投资中，信息不完全和信息不准确的情况时有发生，因此，也就很难确定投资项目未来的收益率状况。上述各种风险常常是重叠在一起的，使得农业的经营风险显现出更加复杂的局面，更加难以防范。

此外，以能否为企业带来盈利等机会为标志，信贷风险可以分为危险性因素、控制性风险（或不确定风险）和机会风险。危险性因素是指只为企业带来损失这一种可能性的风险；而控制性风险和机会风险则是指既有为企业带来损失的可能性，也有为企业带来盈利可能性的风险。

按照风险有效性，信贷风险可以分为固有风险和剩余风险；按照作用的时间可分为企业的短期、中期和长期风险等。通常，企业所面对的风险是兼而有之的，对风险进行分类，有利于风险管理。

二、农业企业风险管理的基本原则

成功的全面风险管理应本着以下原则：

1. 匹配性 确定与企业风险水平相匹配的风险管理行为。要设法将企业整体风险水平控制在可接受的范围之内，但要避免过度管理或纠结于某次不确定的风险而抑制企业发展，导致企业运营效率低下。

2. 融合性 风险管理行为应当渗透到企业的日常运营中，与其他经营活动相融合，避免风险管理游离于经营活动之外。

3. 综合性 由于风险的多样性和复杂性，需要采用综合性的管理手段。

4. 动态性 风险是动态的，风险管理行为也应当是动态的，应通过监控评价应对风险的突发及变化。

任务二 农业企业的风险应对

一、风险应对的基本策略

风险应对是在风险组合观的基础上，从企业整个范围和组合的角度去考虑，通过对不利事件、有利事件的分析，选择实施方案，将剩余风险控制在期望的风险容量和风险容限以内。风险应对策略包括风险承受、风险规避、风险分担和风险降低。

1. 风险承受 风险承受是指企业对所面临的风险采取接受的态度，从而承担风险带来的后果。

2. 风险规避 风险规避是指企业主动回避、停止或退出某一风险的商业活动或商业环境，避免成为风险的承受者。

3. 风险分担 风险分担是指企业为避免承担风险损失，有意识地将可能产生损失的活动或与损失有关的财务后果转移给其他方的一种风险应对策略，包括风险转移和风险对冲等措施。

（1）风险转移。风险转移指企业通过合同将风险转移到第三方，企业对转移后的风险不再拥有所有权。转移风险不会降低其可能的严重程度，只是从一方移除后转移到另一方，可以采用保险、风险证券化、合同约定等措施。

（2）风险对冲。风险对冲指采取各种手段，引入多个风险因素或承担多个风险，使得这些风险能够互相对冲，也就是使这些风险的影响相互抵消。其方法包括资产组合使用、多种外币结算的使用、多种经营战略、金融衍生品（套期保值、外汇远期）等。

读一读

扩大对农业农村保险的支持范围

鼓励地方建立政府相关部门与农业保险机构数据共享机制。在粮食主产省开展适度规模经营农户大灾保险试点，调整部分财政救灾资金予以支持，提高保险覆盖面和理赔标准。落实农业保险保额覆盖直接物化成本，创新"基本险+附加险"产品，实现主要粮食作物保障水平涵盖地租成本和劳动力成本。推广农房、农机具、设施农业、渔业、制种保险等业务。积极开展天气指数保险、农产品价格和收入保险、"保险+期货"、农田水利设施保险、贷款保证保险等试点。研究出台对地方特色优势农产品保险的中央财政以奖代补政策。逐步建立专业化农业保险机构队伍，提高保险机构为农服务水平，简化业务流程，搞好理赔服务。支持保险机构对龙头企业到海外投资农业提供投融资保险服务。扩大保险资金支农融资试点。稳步开展农民互助合作保险试点，鼓励有条件的地方积极探索符合实际的互助合作保险模式。完善农业再保险体系和大灾风险分散机制，为农业保险提供持续稳定的再保险保障。

（节选自：中共中央办公厅、国务院办公厅印发《关于加快构建政策体系培育新型农业经营主体的意见》.）

4. 风险降低 风险降低是指企业在权衡成本效益之后，采取适当的控制措施降低风险或减轻损失，将风险控制在风险承受度之内。

（1）风险转换。风险转换指企业通过战略调整等手段将企业面临的风险转换成另一种风险，使得总体风险在一定程度上降低。

（2）风险补偿。风险补偿指企业对风险可能造成的损失采取适当的措施进行补偿，以期降低风险。

（3）风险控制。风险控制指控制风险事件发生的动因、环境、条件等，以达到减轻风险事件发生时的损失或降低风险事件发生的概率的目的。

农业企业风险贯穿在整个企业经营过程始终，因此在经营运作中，首先应搞清楚哪些风险对效益影响最大，在管理过程中时时控制住这些影响效益的因素，掌握最新的行业信息并及时做出调整，将风险控制在可接受的范围内。

对农业创业者而言，可以从战略和战术两个方面积极应对创业过程中的风险。

二、用足农业补贴政策

农业补贴政策工具可归纳为两种类型：一是对农业生产者和农产品的价格支持措施和直接补贴措施；二是政府对农业发展的一般服务支持措施，包括科研推广、农业基础设施建设和资源环境保护等支持计划。当前我国的农业补贴政策主要有以下项目：

（一）对种粮农民的补贴政策

1. 粮食直接补贴 粮食直补是与粮食流通体制改革相辅相成的。粮食直补资金来源于粮食风险基金，是原来在粮食风险基金中安排补给粮食流通环节的资金，国家通过改革把它直接补到农民手里，变暗补为明补。中央财政分粮食主产区和非主产区，按谁种地谁受益的原则，基于农户的实际种植面积直接给予补贴。

从 2004 年开始，国家全面推行对种粮农民的直接补贴，2004 年以来，粮食直补金额达到了粮食风险基金的一半。2008 年，国家粮食直补为每亩 13.5 元，水稻良种补贴，早稻每亩 10 元、中稻每亩 15 元、晚稻每亩 7 元。2005 年的中央 1 号文件要求继续加大对种粮农民的直接补贴力度，对部分地区农民实行良种和农机具购置补贴。2006 年的中央 1 号文件又提出完善重点粮食品种最低收购价政策，保护粮农利益。

种粮农民直接补贴政策有效调动了农民种粮的积极性，稳定了种粮农民队伍，也有效地减轻了谷贱伤农的伤害，维持了种粮农民的基本收益，减少了农民抛荒毁地现象，保证了我国粮食综合生产能力；种粮直接补贴政策还倒逼国有粮食企业加快了市场化改革，对于保障我国粮食生产安全具有至关重要的意义。2010 年，中国粮食总产量达到 5 464 亿千克，首次实现连续 7 年增产，连续 4 年产量保持在 5 000 亿千克以上，这与国家坚持实施一系列正确的粮食生产补贴政策是分不开的。

2. 粮食、油料主产区补贴 为了缓解产粮大县的财政困难，调动地方政府抓好粮食生产的积极性，保护好国家粮食安全的基础，从 2005 年起，中央财政实行产粮大县奖励政策。中央财政对产粮大县（含县级市、区）的奖励坚持“测算到县、拨付到县”的原则。奖励条件是：以县为单位，1998—2002 年 5 年平均粮食产量大于 2 亿千克，且粮食商品量大于 500 万千克；或达不到以上条件但对区域内的粮食安全起着重要作用，对粮食供求产生重大影响的县。2007 年，为解决油料生产连续下滑问题，中央又出台了油料大县奖励政策。2008 年，国家对油菜种植每亩补贴 10 元，针对粮食、生猪、油料生产这几项的奖励资金达到 180 多亿元，对农业生产的支持效果明显。

3. 农资综合直接补贴 化肥、农药、农膜等农资价格上涨增加了农民的种粮成本，农资综合补贴是中央财政对农民从事农业生产的化肥、种子、农药等基本生产资料给予直接补贴，通过粮食风险基金拨发，补贴时统筹考虑农资涨价幅度、粮价变化水平和财政补贴力度等因素，动态调整。其目的是将农民种地投入有效稳定在一定水平上，通过补贴促进农村粮食增产，促进农民收入增加。目前，农资综合直补已经成为我国所有补贴政策中额度最大的补贴之一。2012 年，中央财政拨付粮食直补和农资综合补贴共 1 278 亿元；2013 年和 2014 年的中央 1 号文件提出动态调整农资综合补贴机制，2015 年的中央 1 号文件提出继续实施农资综合补贴等政策，2017 年的中央 1 号文件提出深入农资综合补贴制度改革。

4. 良种补贴 为提高农产品品质，增加农业产量，推广优质良种，我国对积极使用优良作物种子种植的农户给予一定资金补贴，2005 年的中央 1 号文件要求对部分地区农民实行良种补贴。2007 年，良种补贴品种扩大到水稻、小麦、玉米、棉花、油菜、大豆 6 个品种，补贴面积合计达到 5.8 亿亩以上，补贴资金 66 亿元以上，惠及农户 1.21 亿多户。2012 年，良种补贴总额 224 亿元。2013 年和 2014 年的中央 1 号文件提出的农业补贴政策也包括了对种粮农民的良种补贴。

5. 农机具购置补贴 为改变我国传统农业生产方式，提高农业机械化作业比例，由中央及各省、市、区财政分别安排专项资金，对农民与农场等农业生产经营组织购买和更新农机具给予专项补贴，这对改善农业装备结构、提高农机化水平、增强农业综合生产能力、发展现代农业、繁荣农村经济具有重要意义。农机具购置补贴最早开始于 2004 年，依据当年生效的《中华人民共和国农业机械化促进法》进行补贴。2004—2011 年，中央财政共安排补贴资金 529.7 亿元，带动地方和农民投入 1 596.7 亿元，补贴购置各类农机具 1 672 万台（套），受益农户达到 1 489 万户，全国农机总动力增长了 61%，农作物综合机械化水平 8 年的增幅超过了政策实施前 30 年的增幅。2010 年农机购置补贴 144.9 亿元，全国农作物耕、种、收综合机械化水平达到 52.3%，标志着我国农业生产方式实现了由人畜力作业为主向机械化作业为主的历史性跨越。2011 年农作物耕种收综合机械化水平达到 54.50%，较上年提高 2.2 个百分点，连续 6 年保持 2 个百分点以上的增幅。2013—2015 年的中央 1 号文件要求各地扩大农机具购置补贴规模，落实补贴政策。

同时，提出增加农机以旧换新补贴试点；2015 年的中央 1 号文件提出农机具购置补贴向粮食主产区和新型农业经营主体倾斜，扩大农业节水灌溉设备的购置补贴。2016 年和 2017 年的中央 1 号文件提出完善农机购置补贴政策，加大对粮棉油糖和饲草料生产机械化机具的补贴力度。2015 年，国家财政用于农业生产资料补贴和技术补贴的资金达到 756 亿元。

从 2016 年起，国家将农作物良种补贴、种粮农民直接补贴和农资综合补贴

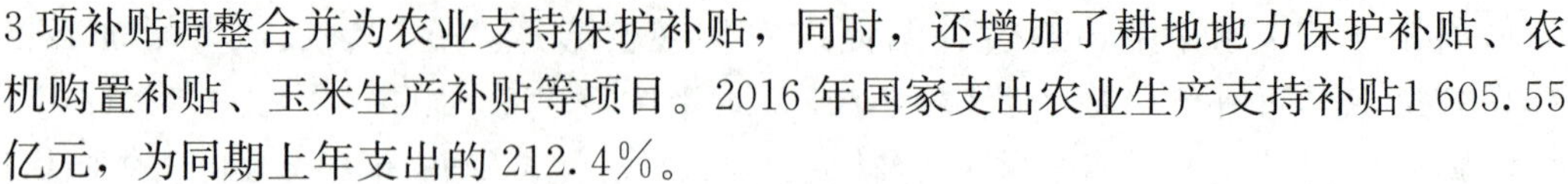

3项补贴调整合并为农业支持保护补贴，同时，还增加了耕地地力保护补贴、农机购置补贴、玉米生产补贴等项目。2016年国家支出农业生产支持补贴1 605.55亿元，为同期上年支出的212.4%。

（二）养殖业补贴

畜牧业是大农业的重要组成部分，畜牧业发展对农牧民脱贫致富乃至国民经济增长具有重要意义，我国实行了畜禽养殖补贴和渔业生产柴油补贴。

为了促进养猪业发展，稳定猪肉价格，从2005年开始，国家实施畜牧良种补贴政策，2007年出台了一系列生猪生产发展的政策措施，包括实施能繁母猪补助政策，生猪保险补贴、标准化规模养殖场（小区）及配套设施建设补贴、人工授精液补贴、疫苗补贴。2008年，国家对能繁母猪的饲养补贴为每头100元；2012年，畜牧良种补贴资金达到12亿元。另外，为促进奶牛养殖业和养鸡业的发展，国家实施了奶牛良种补贴、后备母牛饲养和蛋鸡补贴。2013年的中央1号文件提出扶持畜牧业补贴和税收减免政策，对生猪养殖大县实行奖励政策；2014年的中央1号文件提出开展改进农业补贴办法试点，加快建立利益补偿机制，同时继续实施畜牧良种补贴政策；2015年的中央1号文件要求对生猪、牛羊养殖调出大县实施财政奖励补助政策。

2006年以来，为缓解渔民因成本上升带来的压力，国家安排了专项资金，主要对从事近海和内陆捕捞、水产养殖并使用机动渔船的渔民及渔企实施柴油涨价直接补贴，2008年渔业生产柴油补贴为126.4亿元。2010年实施《渔业成品油价格补助专项资金管理暂行办法》，从制度上切实规范了海洋捕捞及水产养殖渔民和渔业企业的机动渔船油补发放工作；2012年，国家补贴渔业柴油资金239.97亿元。2013年的中央1号文件提出落实远洋渔业补贴，实行补贴、税收减免政策；2016年的中央1号文件提出发展渔业保险。

（三）农业科技支持补贴和推广补助

近年来，国家为提高农业科技水平，主要出台了下列补贴措施：

1. 测土配方施肥补助 植物生长所需养料主要来自化肥，测土配方施肥不仅能提高作物产量，还可以改良土壤环境、促进农业可持续发展。我国于2005年全面推广应用测土配方施肥技术，中央、地方财政给予补贴，免费为农民提供测土配方施肥的技术服务。2005—2008年，中央拨付16亿元资金，在全国1 200个县推广应用测土配方施肥技术。2012年，在全国范围内组织开展测土配方施肥技术普及行动，筛选确定了100个县（场）、1 000个乡（镇）、10 000个村作为试点，实施测土配方施肥整县、整乡、整村推进，实现全国测土配方施肥技术推广 13 亿亩，为 1.8 亿农户免费提供测土配方施肥技术服务。

2. 科技入户技术补贴 2005 年，为提高农业科技成果入户率和覆盖率，建立依靠科技促进粮食增产、农民增收的长效机制，稳定提高农业综合生产能力，国家启动了农业科技入户示范工程。“科技入户”是科技人员直接到户、良种良法直接到田、技术要领直接到人的长效机制。2005—2017 年，科技入户示范工程在 300 个县实施，共培育了 25 万个科技示范户，辐射带动周边 500 万农户，3 年累计新增粮食 50 亿千克，促进农民增收 150 亿元。种植业示范户年均亩增产 10%以上、节本 23 元以上，每亩新增效益 100 元左右；畜牧业示范户奶牛养殖综合效益提高 10%以上；渔业示范户亩均节本增效 1 000 元以上。2007 年，国家科技入户技术补贴专项资金为 2 亿元。从 2008 年起，农业部全面实施农业科技入户工程，通过普及配方施肥技术以及有关农作物高产技术攻关等活动，大大促进了农业增产和农民增收。

2012—2014 年，中央 1 号文件重点强调大幅增加农业科技投入，确保国家粮食安全。2012 年，国家财政拨款用于农林水事务（类）支出为 1 562 705.43 万元，占 64.27%；科学技术（类）支出 397 883.74 万元，占 16.36%。2013 年和 2014 年的中央 1 号文件提出继续实施农业关键技术补助、土壤有机质提升补助，2014 年的中央 1 号文件提出试点低毒低残留农药和高效缓释肥料使用，专业防治病虫害补助，防灾减灾稳产增产。

3. 农民培训补贴 我国农民科技文化素质不高，加强农民培训对于增加农民收入、提升农民精神生活质量具有重要意义。十六届五中全会强调要培养有文化、懂技术、会经营的新型农民，提高农民的整体素质。

从 2004 年开始，中央财政对农村劳动力转移就业培训给予补贴；2006 年，中央财政还投入 2 亿元设立了新型农民培训补助专项资金，用于农村实用技术的学费补助；到 2007 年，中央财政累计投入农民转移就业培训补贴 12.5 亿元。2009 年国家补贴金额为平均每人 360 元，2011 年国家用于技术推广和技能培训的专项资金为 299.51 亿元。2016 年，国家用于支农的科技转化与推广服务资金达 390.12 亿元。2018 年 4 月，农业农村部、财政部发布《2018 年财政重点强农惠农政策》，明确 2018 年财政将从八大方面强农惠农，其中包括培训高素质农民 100 万人次等。

（四）新型农业生产经营主体补贴

2013 年和 2014 年中央 1 号文件提出农业补贴重点是专业大户、农民合作社等新型生产经营主体。2015 年的中央 1 号文件要求实施推广重大农业生产技术的补助政策，扩大现代农业示范区的奖补范围。

改革开放以来，我国已经建立了比较完善的农业补贴体系，但必须通过农业补贴立法，保障农业补贴政策的稳定性、系统性和长效性。现阶段农业补贴制度的目标设计不宜宽泛，核心目标是保障粮食安全、确保主要农产品供给和促进农民增收。第一，应优化农业补贴结构，发展与现代农业、新型农业经营主体培育相适应的农业补贴；第二，加强节能降耗和减少排污，减少或取消农药和除草剂的农资补贴，凸显农业补贴政策的环境保护功能；第三，增加农业科技研发及推广服务的补贴；第四，扩大补贴资金来源，加强补贴资金的审计监督；第五，发展健全的农业保险体系、规避农业自然灾害风险也是除补贴以外农业保护的一项重要措施。

三、运用农业保险转移风险

自然灾害的发生不仅会对农业生产造成一定影响，也让不少农民朋友受到了经济损失。而农业生产是最容易受到自然灾害影响的环节，为降低风险、减少农民利益损失，我国推行农业保险补贴政策。

1. 农业保险的概念及作用 农业保险是专为农民在从事种植业、畜牧业、林业和渔业的生产过程中遭受自然灾害、意外事故、疫病疾病等事故造成经济损失提供保障的一种保险。农业保险的对象是农作物栽培、森林营造、畜禽饲养、水产养殖、捕捞以及农村中附属于农业生产活动的副业。

对于很多普通的农民朋友来说，农业保险能减少“自然天灾”的影响，保障其辛苦收入。

2. 农业保险险种的分类 数据显示，目前我国农业保险开办区域已覆盖全国所有省份，承保农作物品种达到 211 个，基本覆盖农、林、牧、渔各个领域。主要险种有农产品保险，生猪保险，牲畜保险，奶牛保险，耕牛保险，山羊保险，养鱼保险，养鹿、养鸭、养鸡等保险，对虾、珍珠蚌等保险，水稻、油菜、蔬菜保险，稻麦场、森林火灾保险，烤烟种植、西瓜雹灾、香梨收获、小麦冻害、棉花种植、棉田地膜覆盖雹灾等保险，苹果、鸭梨、烤烟保险等。

3. 农业保险条例 具体条例内容大家可在政府信息公开专栏上搜索查阅。

4. 购买农业保险的流程

（1）填写投保单，向保险机构提出投保农业保险的意愿。

（2）保险机构审核投保人材料，确定是否接受投保人的投保意愿。

（3）保险机构决定接受承保，并详细解释农业保险合同条款。

(4) 投保人决定是否投保，投保人足额缴纳保险费。

(5) 编制保险合同。

(6) 投保人签收保险合同。

如果在合同期间发生了灾害，首先，要及时通知所在村协保员或镇（区）“三农”保险服务站，由镇（区）、村协保员把受灾情况核实后报送保险机构；其次，要保护好受灾现场，未经保险公司允许，不能随意对灾害现场进行处理；随后，保险机构和政府相关部门将联合对受灾情况进行查勘定损，保险公司将根据规定进行理赔公示，无异议后向受灾农户发放赔款。

5. 农业保险的保险费用 对于农业保险到底要交多少的问题，鉴于农业生产的区域性特点十分明显，以及各地经济发展的不平衡，全国没有统一规定。实际上，农民（农业从业人员）真正从自己腰包里掏出来缴纳的保费只占应交保费的很少一部分。

农业保险的大部分保费由各级财政（中央财政、省财政、市财政及县财政）缴纳，合计保费补贴比例平均达到75%～80%，其中，中央财政占比最大。中央财政保费补贴涵盖种植、养殖、林业等，基本覆盖了主要的大宗农产品。

6. 农业救助补贴

(1) 农业救灾资金。农业灾害是对农、牧、渔业生产构成严重威胁、危害及造成重大损失的农业自然灾害和农业生物灾害。农业救灾资金是中央财政预算安排用于预防、控制灾害和灾后救助的专项补助资金。2008 年，国家安排救灾资金 27 亿元用于南方冰冻雨雪灾区恢复农业生产；安排地震灾区动物防疫消毒无害化处理和鼠害防治补助 6 500 万元；安排农作物重大病虫灾害防控资金 3.17 亿元，重大动物疫病补助资金 28 亿元。2016 年，国家财政用于灾害救助的资金为 46.87 亿元；用于病虫害控制的财政资金为 140.87 亿元。

(2) 农业保险保费补贴。农业保险风险较高，因此保险费率较高，农民难以承担，需要财政提供保费补贴。农业保险保费补贴是国家财政对农户投保农业保险业务给予的一定比例的保费补贴。2007 年，我国开始实施中央财政农业保险保费补贴政策；2011 年，我国农业保险保费收入达 170 亿元，是 2006 年没有实施保费补贴政策时的 20 倍；2015 年，国家财政用于农业生产保险补贴的资金为 268.05 亿元，较上年增长 9.53%；2016 年 12 月，财政部印发《中央财政农业保险保险费补贴管理办法》，要求进一步提高财政补贴资金使用效益。

2015 年的中央 1 号文件提出提高各级财政对稻谷、小麦、玉米等主要粮食作物保险的保费补贴比例、保险覆盖面和保障水平；扩大畜产品及森林保险覆盖范围。中央、省级逐步减少或取消产粮大县县级保费补贴，中央财政通过以奖代补等方式提供保费补贴支持。鼓励有条件的地区保险机构开展特色优势农产品保险、互助合作保险。同时，中央财政还支持建立农业保险大灾风险分散机制，规范大灾风险准备金管理。

2016年的中央1号文件提出开发天气指数保险、农产品目标价格保险、设施农业保险、森林保险等农业保险新品种，稳步扩大“农业保险＋农产品期货”试点，创新保险公司支农融资业务。扩大农业保险覆盖面，完善大灾风险分散机制，提高风险保障水平。

如果按2017年的标准算的话，玉米每亩保额为329元，费率为6％，保费20元/亩。农民需要交给保险公司的钱为：一亩地的20元保险费由中央财政、省财政、市财政、县级财政负责80％，农民承担20％，总体算下来农民一亩地交4元。当然请注意，这个问题与时间、地点有关。

7. 农业保险赔偿标准 理赔起点为30％，即承保的农作物因自然灾害造成损失率为30％～70％时，按农作物生长期划分保险金额和损失率计算赔款。具体理赔计算公式为：

赔偿金额＝各生长期保险金额×损失率×受损面积

当损失率达到70％以上时，按该农作物生长期保险金额全额赔付。如，种植的水稻因遭受保险责任范围内的自然灾害事故，实际损失率在为30％～70％时按比例赔付，70％（含70％）以上全额赔偿，但损失率在30％以下时，保险人不负责赔偿。每位被保险人保险水稻地块面积小于实际种植面积时，按承保面积占实际种植面积的比例计算赔偿。

8. 农业保险发展现状 据统计，自然灾害每年给中国造成1 000亿元以上的经济损失，受害人口2亿多人次，其中农民是最大的受害者。以往救灾主要靠民政救济、中央财政的应急机制和社会捐助，农业保险无疑可使农民得到更多的补偿和保障。

2007—2016年的10年间，我国农业保险提供风险保障从1 126亿元增长到2.16万亿元，年均增速38.83％；农业保险保费收入从51.8亿元增长到417.12亿元，增长了7倍。2017年持续增长至470多亿元。

据最新数据显示，目前我国农业保险业务规模仅次于美国，居全球第二、亚洲第一，其中，养殖业保险业务规模居全球第一。

四、学习农业税收优惠政策节约开支

1. 农业生产方面

（1）对农业生产者销售的自产农产品免征增值税，允许加工企业购进免税初级农产品，按一定扣除率计算抵扣增值税进项税额，并从2018年5月1日起，销售农产品的增值税税率从11%降至10%；纳税人采取转包、出租、互换、转让、入股等方式将承包地流转给农业生产者用于农业生产的，免征增值税。

（2）对企业从事农林牧渔业项目的所得，可以依法免征或减半征收企业所得税。

（3）对个人、个体工商户、个人独资企业和合伙企业自然人投资者从事种植业、养殖业、饲养业、捕捞业取得的所得，暂不征收个人所得税。

（4）对直接用于农、林、牧、渔业的生产用地，免征土地使用税。

（5）对国家指定的收购部门与村民委员会、农民个人书立的农副产品收购合同免征印花税。

（6）为减轻农民负担，国家取消、停征或减免涉及“三农”领域的一系列行政事业性收费和政府性基金。如，2013年以来，中央层面明确取消、停征和减免了新菜地开发建设基金、国内植物检疫费、动物及动物产品检疫费、新兽药审批费、“进口兽药许可证”审批费、拖拉机号牌费、拖拉机登记证费、拖拉机驾驶证费、渔业资源增殖保护费、渔业船舶国籍登记证书费、渔业船舶注销登记收费等政府性基金和行政事业性收费项目。

（7）对农村集体经济组织依法使用国有农用地从事农业生产申请不动产登记的，免收不动产登记费等。

2. 创业就业方面

（1）对持“就业创业证”人员从事个体经营的，可在一定期限内限额依次扣减其应缴纳的增值税、城市维护建设税、教育费附加、地方教育附加和个人所得税。

（2）对招用持“就业创业证”人员的企业，符合一定条件的，也可在一定期限内限额依次扣减其应缴纳的增值税、城市维护建设税、教育费附加、地方教育附加和企业所得税。

（3）对安置残疾人的单位和个体工商户，符合条件的，实行由税务机关按其安置残疾人的人数，限额即征即退增值税。企业安置残疾人员就业所支付的工资可在所得税前加计扣除。

（4）自2018年4月1日起，将残疾人就业保障金征收标准上限，由当地社会平均工资的3倍降低至2倍。

3. 小微企业方面

（1）对月销售额2万（含本数）～3万元的增值税小规模纳税人，免征增值税。

（2）对年应纳税所得额不超过 50 万元的小型微利企业，其所得额减半计算，并按 20%税率征收企业所得税。

（3）对金融机构与小型企业、微型企业签订的借款合同免征印花税。

另外，为降低创业创新成本，增强小微企业发展动力，促进扩大就业，2018 年 4 月 25 日，国务院常务会议决定，继续加大减税力度。如自 2018 年 1 月 1 日至 2020 年 12 月 31 日，将享受减半征收企业所得税优惠政策的小微企业年应纳税所得额上限从 50 万元提高到 100 万元；从 2018 年 5 月 1 日起，将对纳税人设立的资金账簿按实收资本和资本公积合计金额征收的印花税减半，对按件征收的其他账簿免征印花税等。

（资料来源：佚名．农业税收优惠政策：都有哪些优惠？13 条优惠政策你必须了解！https：//www. tuliu. com/read－88696. html，2018－09－17.）

五、成立农民专业合作组织共担风险

在激烈的市场竞争中，农业是一个弱势产业，农民是一个弱势群体，为了降低生产成本，提高盈利水平，就需要通过合作联合起来，借助外部交易规模的扩大，节约交易成本，提高在市场竞争中的地位，使产品按合理价格销售。农业合作经济组织按照合作的领域可以分为生产合作、流通合作、信用合作和其他合作，提高千家万户的小生产者在千变万化的大市场中的竞争能力和经济效益。

比如，山东省平邑县的金银花产量很大，以往农民自行到药厂销售，面临压价压质、运输成本高的处境。通过成立合作社，由合作社统一收购，集中和药厂签订合同，解决了农民销售与药厂收购的链条难题。

六、走多元化、一体化的发展道路

多元化战略是指农业企业在原主导产业范围以外的领域从事生产经营活动，是与专业化经营战略相对的一种农业企业发展战略。通过进行投资组合，达到在相同期望收益情形下组合风险最小或相同组合风险情形下期望收益最大的目的。像我国不同地区的“四位一体”“三位一体”经营模式，江苏省东海县双店镇的“猪—沼—花”“猪—沼—菜”生态农业模式及“大棚草莓山羊复合种养模式和技术”，都是多元化的发展典型。

一体化就是延长农业产业链的经营模式，在农业的经营过程中，将整个农业生产过程分为产前、产中和产后 3 个环节，将不同类型的风险在整个链条中进行分解，通过明确不同环节的主要风险类型及其作用机制，寻求不同的管理方式，实现降低农业企业风险的目的。

例如，建立基地养殖户联合体，为当地群众提供品种改良、生产技术、科技普及、加工销售等“一条龙”式的服务。其优势是可以把原来的“多（生产者）多（购买者）交易”变成了“一（公司）多（农户）交易”，实现“自助”服务，不受外部供应商的控制。基地养殖户通过联合经营、共同服务而形成的利益共同体可以推动当地养殖业向良种化、规模化、产业化方向发展。

总之，农业企业经营风险具有客观性、多样性和隐含性，农业企业经营主体应针对不同风险采取不同措施，有效化解和规避风险。同时，需要针对风险因素进行系统分析，采取综合预防措施控制风险，将风险转化为机会，这对于增强农业企业经营的运营效率和化解、规避风险至关重要。

模块小结

本模块主要介绍了农业企业风险的含义、农业企业风险的类别、农业企业风险管理的基本原则，并对农业企业风险应对策略具体应用的相关内容进行了阐述。通过本模块的学习，要求学员了解农业企业风险及其分类，理解农业企业风险管理的基本原则，掌握农业企业风险应对的方法，树立风险意识。

思考题

根据当地的具体情况，结合自己的经历，分组讨论：

1. 农业企业遇到的主要风险是什么？
2. 农业企业规避风险的成功做法有哪些？
3. 对不成功的农业企业规避风险的例子进行交流，并相互点评。

项目训练

冯汝贵的致富经

冯汝贵，江苏兴化市竹泓镇村民，在蔬菜种植工作中，他积极示范推广新品种、新技术，为现代、高效农业的发展做出了较大的贡献，在本地蔬菜产业中发挥了较强的示范带动作用。他在设施蔬菜的生产经营过程中，有两条成功的经验值得推广：一是在品种上采取多样化的种植模式，由过去单一番茄品种发展成以草莓和番茄为主，兼顾其他品种蔬菜的中等规模绿色蔬菜生产基地。二是扩大种植规模。2007 年以来，先后投入资金 30 多万元，新建蔬菜钢架大棚 16 个，发展番茄、莴苣、甜玉米和草莓等应时蔬菜生产；建成了 1 个可存栏 100 头的养猪场，并配套 1 个 100 米^3 的沼气池，建立起“猪—沼—菜”生态循环农业生产模式。预计蔬菜年创纯收入 45 000 元/公顷，生猪出栏 250 头/年、年创纯收入 3 万～4 万元。

问题：蔬菜种植大户冯汝贵是如何取得成功的？应对农业企业风险有哪些方法与策略？

模块九

农业企业国际化经营

学习目的

通过本模块的学习，了解农业企业国际化经营的机遇和挑战，熟悉农业企业国际化经营方式的选择。

主要内容

随着“一带一路”倡议的实施和推进，农业要素流动、农业资源配置、农产品市场深度融合等为我国农业对外合作带来了新机遇。本模块主要介绍农业企业国际化经营的机遇和挑战，以及农业企业国际化的方式与方法，为农业企业适时“走出去”做好准备。

【案例导入】

中国建筑商投资安哥拉农业

朱晋林原来是搞建筑出身，最初在中国西北，后来在中东从事基础设施建设，2009 年进入安哥拉市场。在安哥拉从事基础设施建设的过程中，他对当地风土人情和投资环境有了一定的了解，2012 年承接了安哥拉比耶省卡玛库巴农场项目的配套工程，随后在农场生产运营中，他发现安哥拉有广阔的农业发展空间。

卡玛库巴工程建成后，朱晋林决心进军农业。对建筑出身的朱晋林来说，农业领域几乎是全新的，于是他请来国内农业专家考察指导，在该农场试种玉米、大豆等农作物，摸索适合当地气候、土壤的种植经验，并于 2014 年试种成功，从此便一发不可收拾，走上了在安哥拉当农民的道路。2014 年 5 月，朱晋林在国内注册成立江洲农业科技公司，并获得商务部颁发的企业境外投资证书。2015 年开始在卡玛库巴农场大面积试种玉米、大豆等作物，获得了成功。江洲农业再接再厉，于 2016 年上半年与万博省签署 1 000 公顷农场开发协议，随后又与安哥拉私人投资局（UTIP）达成开发1 万公顷土地建设现代化农场的协议，该项目包括农场开发、种植养殖和粮食仓储加工等配套项目。

几经周折，江洲农业最终将农场选在了万博市东北 50 千米的希戈拉市，2016 年 5 月进场开荒，9 月种植上千公顷耕地，2017 年在原有基础上再扩大种植面积，2018 年 4 月，包括上千亩的大豆、上万亩的玉米，2 万多亩的作物进入收获季。

江洲农业的开发速度和农场欣欣向荣的景象成为万博省农业发展的一个典范，安哥拉农业部长、万博省省长多次前去参观考察。在江洲农业的促成下，包括万博省在内的安哥拉政府官员多次到江苏泰州参观访问。2016 年 6 月，在澳门举行了江苏—澳门 · 葡语国家工商峰会理事会在第一次会议期间，江苏农牧科技职业学院与万博省政府签署合作框架协议，双方就江苏农牧科技职业学院在万博开设教学点，加强农业技术合作达成一致。

江洲农业还在 2016 年与万博省达成协议，江洲农业出资资助安哥拉学生到江苏农牧科技职业学院留学，为安哥拉培养农业技术人才，2017 年，该计划的首批留学生已经到中国就读。江洲农业不仅为当地带来了大量就业机会，还为万博农业发展打造了一个样板。随着和当地学院合作项目的推进，江洲农业将在寻求自身发展的同时，为当地农业的发展描绘更加令人憧憬的未来。

（资料来源：许昆鹏 . 安哥拉中企积极探索农业发展新模式 . https：//www. sohu. com/a/232748694 _ 201960，2018 - 05 - 24.）

想一想？

1. 为什么越来越多的农业企业到海外去投资？
2. 到海外进行农业项目投资合作应注意些什么？

任务一　农业企业国际化的机遇和挑战

一、农业企业国际化的机遇

中外开展农业交流和农产品贸易历史悠久。借古丝绸之路，中国从西方引入了胡麻、石榴、苜蓿、葡萄等作物品种，并把掘井、丝绸、茶等生产技术和产品带到了中亚，亚欧非的农业文明沿着古丝绸之路交流互通，不断发扬光大。进入新时代，“一带一路”沿线大部分国家对解决饥饿和贫困问题、保障粮食安全与营养具有强烈愿望，开展农业合作是沿线国家的共同诉求。

1. 国家农业政策带来的机遇 自 2013 年我国提出“一带一路”倡议以来，中国与“一带一路”沿线国家的农业合作逐步深入。2014 年国务院办公厅颁布的 59 号文件充分结合中国农业企业的实际情况，明确了国际化发展的战略要求，为中国农业企业“走出去”指明了方向。2017 年，农业部、国家发展和改革委员会、商务部、外交部 4 部委联合发布了《共同推进“一带一路”建设农业合作的愿景与行动》。根据文件的内容，合作重点主要为构建农业政策对话平台、强化农业科技交流合作、优化农产品贸易合作、拓展农业投资合作、加强能力建设与民间交流 5 个方面。加快推进并支持农业“走出去”，加强“一带一路”农业国际合作，主动扩大国内紧缺农产品进口，拓展多元化进口渠道，培育一批跨国农业企业集团，提高农业对外合作水平，逐渐成为我国农业对外合作的政策风口。

2. 农业技术交流与合作迎来新契机 近年来，我国农业国际交流与合作不断发展，农业对外开放水平不断提升，农业对外投资合作深入推进。截至 2015 年年底，农业对外投资存量超过 117.4 亿美元，在全球 85 个国家和地区设立农林牧渔类境外企业 1 300 多家，覆盖了种植、林业、畜牧、渔业和相关服务业等各个行业以及生产、加工、仓储和物流等主要环节。除了对外投资，我国近年来还不断加强对发展中国家的农业技术和资金援助。自 FAO1996 年发起“南南合作”相关行动计划以来，我国积极推动项目有序实施，获得全球广泛肯定。截至 2016 年 5 月底，已启动 23 个“南南合作”项目，向非洲、亚洲、南太平洋、加勒比海等地区的 26 个国家派遣了 1 040 名农业专家和技术员。

3. 农产品贸易优势互补激发新市场 改革开放 40 年来，特别是加入 WTO 以来，我国农业开放水平不断提高，农产品贸易发生了巨大变化，贸易规模快速增长，已成为全球第二大农产品贸易国，贸易总额已占全球农产品贸易额的 6%。“一带一路”倡议提出以来，我国农产品贸易迎来新机遇，激发了市场新活力。从贸易总量来看，我国与沿线国家在农产品双边贸易，尤其是进口贸易方面有较大的提升空间。从贸易结构看，目前我国向沿线国家主要出口的是蔬菜、水果、水产品及部分特色林果产品，而我国向沿线国家主要进口的是植物油、谷物、棉花、林产品和畜产品等，双方贸易结构基本不可替代，互补性强，有利于双边贸易的开展。

二、农业企业国际化的挑战

1. 外部环境日益复杂 对于不同类型的企业而言，最初寻求海外市场发展的机会基本上都需要经历一系列的考验。首先，自全球金融危机过后，整体经济发展处于缓慢恢复的过程中，这就决定了参与到国际市场中的企业将面临更多的不确定性。另外，不同国家的法律存在着不兼容的情况，加上经济发展水平参差不齐，因此，国际农产品价格会受到外汇利率、供求关系等方面的影响而发生变动，这就意味着农业企业可能实施的国际化战略将受到一系列的瓶颈。

其次，企业参与到海外市场的竞争显得较为被动，这与外部因素的不确定有着很大的关系。当前，我国每年在海外投入大量资本，并且投资的速度逐步加快，我国文化与国外文化之间的差异及在利益分摊上的冲突等都会带来发展的瓶颈，一旦全球陷入粮食供应紧缺，将会带来一系列的连锁反应。

基于此，不少国家意识到农业是国家发展之根本，因此不少国家开始出台相关政策，确保本国农业的逐步稳定发展，对于国外企业进驻本国开展农业相关活动，都设定了较高的门槛要求。

2. 海外业务经营风险持续时间较长 当前我国的国际地位逐步提升，这与我国经济、文化、教育等方面的稳步发展有着很大的关系，在这样的发展契机之下，我国农业企业“走出去”将获得更大的发展优势，拥有资源优势、资本优势的企业将获得其他国家的重视，这对于努力开拓市场、获得更大的发展空间具有一定的效果。与此同时，政治风险是影响驻外业务发展的重要因素，如恐怖主义、地区之间的矛盾等。这些风险会长期存在，将为我国农业企业的发展带来更多的挑战。

3. 国内外竞争日益激烈 伴随着全球一体化经济的发展，市场开放逐步加大，寻求海外发展的农业企业具有丰富的资金储备，同时在管理上更为人性化。面对更多的竞争者，市场风险系数增加，农业企业的发展也将陷入瓶颈。一旦进入全球市场格局当中，更多的企业将寻求全球化经营模式，在农业各个环节当中强调生产加工的标准化、加工的难度化、销售的多渠道、流通的多覆盖性等，海外巨头也将通过垄断来提升自己在农业市场当中的话语权（农业巨头较为有名的有ADM公司、路易达等公司，这些公司的交易量占全球农产品交易总额的80%），这些都给农业企业的国际化发展带来更大的挑战。

4. 绿色壁垒带来的竞争日益严重 从当前的全球生态环境发展来看，全球环境发展日益恶劣，依靠土地资源的农业生产将面临更大的风险。消费者会对农产品提出更高的要求，全球食品安全将被提升到更高的标准，在绿色壁垒的严格限制之下，贸易发展将陷入深水期。

从本质上来看，绿色壁垒的设定是为了加强农业产品竞争的公平，这样能更好地保障本国农业的发展。但是我国居民和农业经营者在这方面缺乏相应的绿色环保意识，在农业生产流程当中缺乏规范操作，同时考虑到我国在农业产品的法律制定上还不够完善，导致农产品的安全生产缺乏一定的依据。我国农业企业与发达国家相比，在管理方面缺乏经验，在生产上存在一定的偏差，这些劣势都是我国农业企业参与国际竞争所面临的瓶颈要素。

对于参与到国际市场竞争当中的企业来说，在面对绿色贸易壁垒时，应该加强合规化经营，使企业自身有更大的发展潜力。

5. 技术创新面对的各类瓶颈 现阶段，农业产业是一场技术革命，特别是计算机技术应用和生物工程的研究与开发有效拓展了产业发展的领域，促使农业产业逐步向网络化、集约化、市场化、智能化的方向发展，这在为农业企业提供了提高生产水平可能性的同时，也给其带来了压力，给公司跨国经营带来了更大的难度。

6. 中外融合风险系数增加 中外融合风险的形成是多方面的，一方面在于国家与国家之间的文化差异和参差不齐的经济发展水平，另一方面则是整个国家的安全稳定系数，这些都决定了中外融合风险系数逐步增加。农业企业参与到海外市场，会对原有的行业巨头产生利益上的影响，这些改变会让更多的国家心生不满，甚至因为利益所占的份额产生各类冲突。逐步缩小文化差异带来的风险，需要从平衡利益矛盾或文化融合等角度出发，但是就当前来看，这些问题还需要很长的时间来慢慢解决。

任务二 农业企业国际化经营方式

企业国际化经营方式主要指的是农业企业对外投资合作的参与形式和经营活动的运作方法。

企业在选择国际化经营方式时，需要考虑的因素较多，如东道国的投资环境、企业的战略目标及企业的实力和优势等条件。因此，不同的企业采用的经营方式往往不同，即使是同一个企业，在不同的时间、不同的国度、不同的主客观条件下，也往往采用不同的方式。

读一读

河南省经研银海种业有限公司是一家集农作物新品种研发、种子生产、种子加工、农业技术服务、国际贸易于一体的科研型、现代化、国际化种子公司，是育繁推一体化科研型现代化种子公司。公司于2007年11月注册成立，注册资本3 000万元。研银海种业有限公司是首家被塔吉克斯坦农业部授予自主知识产权的种业公司，是商务部批准境外注册的首家河南种业公司。公司拥有中国海关农产品进出口自行报关资质，被确定为2016—2020年中国“走出去”首批探索试点单位。

2011年9月，该公司积极响应农业“走出去”的号召，在中亚地区大力推广棉花和玉米良种，取得了良好的经济效果。其棉花和玉米品种在塔吉克斯坦的规模种植试验，当年就取得成功，棉花籽棉实验产量从当地的3 000千克/亩提高到6 750千克/亩，产量翻倍，公司也迅速获得了塔吉克斯坦农业部的认可和支持。该公司投入2 000多万元，在塔吉克斯坦建设了约2 000亩的“中国农业科技示范区”和“中国农业高产示范田”，全面引进中国棉花、水稻、蔬菜品种和种植技术，进行农业示范、推广和应用。建设完成了种子加工中心，配备有自动化谷物和棉花种子加工线，是目前塔吉克斯坦规模最大、技术最先进的种子加工线。在哈德隆州亚湾区建成了180个蔬菜大棚，生产黄瓜、番茄等蔬菜；建设5 000亩露地蔬菜生产基地，蔬菜生产品种达到56个。2017年扩建了100个蔬菜大棚，建设了5 000吨储存能力的蔬菜保鲜库。

一、间接出口方式

1. 间接出口的含义 间接出口是指企业生产出来的产品由中间商或外贸部门及其对外贸易专业公司来办理出口业务，把产品销到国外。也就是说，生产企业只负责产品的生产，其本身并未从事任何实际出口业务，而是由中间商或外贸企业为其产品开拓国际市场，办理产品进出口业务。这是扩大产品海外市场份额的最简单的方式，因此，农业企业在开始涉足国际化经营业务时，由于自身条件的限制，一般应先进行间接出口业务，依靠中间商或外贸代理机构的帮助，逐步打开国际市场。目前，在我国，间接出口是农业企业最常用也是最现实的一种进入国际市场的方式。

2. 间接出口的优点 间接出口具有如下优点：

（1）企业不需要自己去开拓国际市场。对于农业企业来说，自己开拓国际市场困难较大，间接出口可以利用外贸企业的销售渠道和经验，迅速将产品销往国外，特别是要将产品打入发达国家市场时，其作用更加明显。

（2）企业不需设立专门机构和专门人员来负责出口业务。各种单据、证明、运输、保险等业务均由代理部门办理，这为农业企业减轻了很大负担。

（3）企业不需承担国际市场交易的风险。与国内市场交易相比，国际交易市场的情况更加复杂，各种风险更大，而采用间接出口的方式，这些风险都由中间商或外贸公司承担了，可减小企业的风险。

（4）企业经营灵活性大。企业与承接业务的中间商或外贸企业签订的合同是有一定期限的，合同期满，企业可以根据自身战略或业务变化的需要，更换代理机构或采用其他方式进入市场。

3. 间接出口的缺点 间接出口也存在一些缺点，主要有：

（1）企业无法快速掌握国际市场信息，因为是通过中间商出口，对销售市场的需求、价格等信息掌握受到限制。

（2）企业对海外市场控制程度很低，或根本不能控制。

（3）企业无法取得国际化经营的经验。

（4）企业不能在国际市场上建立自己的声誉。

二、直接出口方式

1. 直接出口的含义 直接出口是指生产企业把产品直接卖给国外的客户。它与间接出口的区别在于企业不仅要生产产品，还要独立完成产品在国外的销售。因此，企业要对国际市场进行调研，对客户的资信情况、业务范围、经营实力进行调查，直接与客户谈判、签订合同，并办理各种出口单证等。采用直接出口方式标志着企业真正开始了国际化经营活动。

直接出口主要有两种方式：

（1）在国外设立营销分支机构，派遣本企业的营销人员出国开展工作。这种方式可以使企业深入了解国际市场行情，积累经验，企业处于主动地位。

（2）利用国外的批发商、经销商和代理商。企业直接把产品卖给国外的中间商或通过中间商把产品卖给最终用户。这种方式可使企业产品较快地进入国际市场，不需进行市场调研，可节省调研费用。

2. 直接出口方式的优点 直接出口具有如下优点：

（1）企业采用直接出口的国际化营销方式能积累更多的国际营销经验。企业在国外有营销机构和人员，有利于采用更积极、更有针对性的方法开拓国外市场，提高市场占有率。

（2）企业采用直接出口的方式可以直接和国外客户接触，建立起自己的客户群，也能更直接地了解国际市场的需求和动向，提供更适销对路的产品。

（3）企业采用直接出口的方式独立完成各项出口业务工作，可以逐渐增强企业对海外营销的控制权。

3. 直接出口方式的缺点 直接出口的缺点包括：

（1）企业需要有各种国际营销的专业人才。

（2）企业的各项出口程序都需自己独立完成，要承担更多的费用和更大的风险。一方面，企业要独立完成市场调研、选择合作伙伴、签订销售合同、办理出口等各项业务，导致企业各项费用的增加；另一方面，由于企业对市场、合作伙伴的情况不能完全把握，可能会导致各种交易风险的产生。

（3）直接出口方式需要较多的资金和外贸人才的支持，目前这对大多数农业企业来说还是较为困难的。但是，一个企业如果想真正进行国际化经营，仅靠间接出口是不行的，当企业具备了一定实力以后，应进行直接出口。

三、国际承包

国际承包是指国内农业企业在国际承包市场上通过投标、接受委托等途径承揽国外农业工程建设项目或其他业务项目的承包业务。这也是企业国际经营中一项基本的业务活动。我国由于劳动力资源丰富，农业企业完全可以对外承接一些种植、养殖和加工等农业项目。

四、国际劳务合作

国际劳务合作是指一国或一个地区的农业企业、个人通过某种特定形式向另一国或地区的企业、个人提供各种劳务，并按合同要求进行的一种国际化经营的新形式。其基本形式有两种：一是境外劳务合作，即劳动力跨国、跨地区提供劳务；二是境内劳务合作，即劳动力不跨国或地区流动而开展的国际劳务合作。我国农业劳动力资源十分丰富，因此，可以广泛采用这种形式来推进国际化经营的发展。

五、展销

展销是指企业通过各种形式的展览会、博览会和交易会，展出和销售产品，如我国春秋两季的广交会和各种专业性的交易会。通过这种方式，农业企业能在展销现场和客户达成销售协议。

六、许可证贸易

许可证贸易是指中外双方通过签订合同或协议所进行的一种技术贸易方式。通过许可合同或协议，外商允许我国农业企业取得其专利、商标或专有技术的使用权，以及合同产品的制造权、销售权和进口权。其中，比较常见的是外商允许我国企业在外商所在国家生产、销售其企业产品。通过许可证贸易，企业可以免去办理出口业务等程序，为农业企业提供了一条引进新技术生产产品、占领国际市场的途径。

七、跨国公司

跨国公司是因在国外直接投资设立新的企业而形成的，在国内的企业称为母公司，在国外的是分公司或子公司，母公司与子公司或分公司就组成了跨国公司，在国外设立的新的企业可以采取独资经营或与外商合营、联营的办法。跨国公司经营是企业国际化发展的高级阶段，也是企业国际化发展到一定规模后的必然趋势。由于我国农业企业实力较弱、起步较晚，目前进行跨国经营的为数甚少，但从发展趋势来看，跨国公司的蓬勃发展已成必然。

以上是企业在国际经营中常用的几种方式，实际上，农业企业进行国际化经营的方式还有很多，比如可以与大企业联合，借助大企业的竞争优势来弥补自身的不足，也可与其他企业联营，联弱成强，共同开拓海外市场。总之，农业企业要根据自身的情况合理选择国际化经营方式。

模块小结

围绕农业企业国际化经营，本模块主要介绍了农业企业国际化的机遇、面临的挑战以及国际化经营方式的选择等问题。通过本模块的学习，学员应了解当前农业企业国际化经营的机遇和有利因素，熟悉农业企业国际化可能面临的风险与挑战，掌握农业企业国际化经营方式的选择。

思考题

1. 农业企业进行国际化经营有何重要意义？

2. 我国农业企业开展国际化经营的主要方式有哪些？

3. 我国农业企业国际化面临哪些机遇和挑战？

项目训练

国际农业市场调查与分析

1. 项目目标 培养学员对国际农业市场的认知和国际合作思维。

2. 项目内容 组建小组，合理分工，经过讨论、查找资料和调研，选择某一国家或地区为对象，充分认识目标地区的农业市场，分析开展农业国际合作的机会。

3. 项目成果

（1）完成调查报告。

（2）制作 PPT 汇报。

教学辅导大纲

一、课程说明

《农业企业经营管理》是一门实践性、应用性很强的课程，其主要作用和任务是通过对学生进行现代企业经营管理基本理论和方法的教育，培养学生按经济规律从事农业生产经营与管理活动的能力。通过本课程的学习，使学生掌握关于农业企业经营管理的基本概念、基本理论和基本方法，具备从事农业生产经营与管理的基本知识和基本技能，为今后走上工作岗位从事实际管理工作打下坚实基础。

本教材是针对农业广播电视学校学员的知识结构和水平，在兼顾科学性、针对性和适用性的原则下编写的。在简述基础理论的同时，注重实际管理水平的学习，同时加强实践性教学内容，目的是提高学员分析和解决实际问题的能力。教材编写力求通俗易懂、由浅入深、循序渐进、突出技术，便于学员理解与自学，符合培养应用型人才的需要。

1. 《农业企业经营管理》是应用性很强的一门课 通过本课程的学习，一是掌握农业企业管理学的基本概念、基本原理和基本方法，把握农业企业经营管理的理论架构；二是将基本理论和方法应用于实践，运用全面、发展和系统的观点及所学理论，观察分析现实的管理问题，培养学生从现代管理的视角观察、分析和思考农业企业经营中存在的问题的思维习惯。

2. 《农业企业经营管理》又是一门实践性很强的应用科学 在课程学习过程中，深入了解和把握企业管理的客观规律，通过案例分析、课堂讨论和实践调研，提升学生在营销策划、资金筹措、质量控制等方面的基本技能，进而较好地为农业产业化经营推进及农业企业现代化管理等服务。

课程特点

《农业企业经营管理》是一门综合性的科学，涉及管理学、会计学、人力资

源学、农产品质量学等多学科的交叉与融和，要求学员在进入本课程学习之前对上述知识有所了解或进行系统学习，使课程内容很好衔接，同时要注意加强实践与实习环节。学习本课程要求做到举一反三、融会贯通。

教学方法

《农业企业经营管理》是一门实践性很强的课程，建议采用课堂讲授和实践调研相结合、理论传授与技能传授相结合的教学方法进行课程学习，并结合互动性案例教学、课堂小组讨论等方法，在提高学员理论知识的同时，提高学员学以致用的能力。

二、教学内容与要求

模块一　什么是农业企业

教学目的： 通过本模块的学习，认识农业企业的特点及经营管理内容，理解和掌握农业企业的类型与新型农业生产经营主体，认知农业企业组织结构，培养农业企业家的经营理念，为学习农业企业管理奠定理论基础。

教学内容与要求：

知识点	重要程度	理解难易程度	教学要求	备注
农业企业的特点及经营管理内容	一般	容易	一般讲解	
农业企业的类型	一般	容易	一般讲解	
农业企业的经营组织形式	重点	较难	重点讲授	
农业企业的组织结构形式	重点	较难	重点讲授	
农业企业的组织创新	一般	难	一般讲解	
农业企业的经营理念	相对重点	难	重点讲授	

教学、辅导、自学提示：

本模块主要学习农业企业的特点，从农业企业的类型、农业企业的经营组织形式、农业企业的组织结构形式、农业企业的组织创新及农业企业的经营理念等几个方面进行讲解。

农业企业的特点部分重点讲解农业企业与工业企业相比特殊的特点，农业企业经营管理的主要内容。

农业企业的类型部分重点讲解农业企业分类方法。通过本任务的学习，要求学员掌握按农业生产经营领域、按要素集约化差别和程度、按经济形式3种分类方法，熟悉农业企业在不同分类法中的不同要求，以便未来在组建农业企业时不走弯路。

我国新型农业生产经营的主体部分重点讲解专业大户、家庭农场、农民合作社和农林产业化龙头企业4种类型。通过本任务的学习，要求学员了解不同生产经营主体成立的条件和经营方式。

农业企业组织结构形式部分重点讲解直线制、职能制、直线职能制和事业部制的组织形式。农业企业组织创新部分重点讲解农业企业组织创新思路。通过本任务的学习，要求学员掌握4种常见的组织结构类型，掌握内涵组织创新和外延组织创新。让学员理解创新是一个企业的生命，是一个企业成功的灵魂。

农业企业的经营理念部分重点讲解农业企业经营的5种理念。通过本任务的学习，要求学员建立现代企业制度、质量安全、品牌提升、绿色观念和创新观念。让学员理解经营理念是企业的世界观，是企业文化的基石，是企业存在的价值。

模块二　农业企业的经营决策与计划

教学目的：通过本模块的学习，理解和掌握农业企业经营战略的概念及其构成要素，认知农业企业经营目标的制定，培养农业企业家制订企业经营计划的能力。

教学内容与要求：

知识点	重要程度	理解难易程度	教学要求	备注
农业企业经营战略的概述	一般	容易	一般讲解	
农业企业经营战略的构成要素	一般	容易	了解	
农业企业经营战略的类型	重点	较难	重点讲授	
农业企业经营目标的制定	重点	较难	重点讲授	
农业企业经营目标的原则	相对重点	容易	了解	
企业经营计划的含义与特点	一般	容易	一般讲解	
农业企业经营计划的内容	重点	较难	重点讲授	
农业企业经营计划的编制	重点	难	重点讲授	
经营计划的执行与实施	相对重点	容易	一般讲解	

教学、辅导、自学提示：

企业经营战略是企业一切活动的总纲，是企业进行资源配置的依据。本模块的内容分为选择经营战略、制定经营目标、编制经营计划 3 个任务来进行讲解。

选择经营战略部分重点讲解农业企业经营战略的概述、农业企业经营战略的构成要素、农业企业经营战略的类型。通过这个部分的学习，学会使用农业企业经营态势战略和经营领域战略。

制定经营目标部分重点讲解农业企业经营目标的制定和农业企业经营目标的原则。通过本部分的学习，掌握农业企业经营目标的制定方法。

编制经营计划部分分为企业经营计划的含义与特点、农业企业经营计划的内容、农业企业经营计划的编制以及经营计划的执行与实施 4 个部分。通过本部分的学习，要求学员掌握企业经营计划编制的内容及方法。

模块三　农业企业要素管理

农业企业要素管理是对土地、技术、人力及资金等的管理。其中，土地是农业企业最基本的生产要素，人力是农业企业财富的创造者，技术是农业企业获得竞争优势的有力手段，资金是企业用于生产经营活动的资产的货币表现。

教学目的：通过本模块的学习，了解农业企业要素的构成，理解并掌握人力、土地、技术、资金等资源要素管理的内容，掌握薪酬管理、绩效考评、土地承包费测定、农业技术开发及创新、融资的各类模式等，了解土地权属及利用管理，正确实施企业的要素管理。

教学内容与要求：

知识点	重要程度	理解难易程度	教学要求	备注
人力资源管理	一般	容易	一般讲授	
薪酬管理	重点	较难	重点讲授	技能点
绩效考评	一般	难	重点讲授	技术点
土地权属管理	重点	容易	重点讲授	
土地利用管理	一般	容易	一般讲授	
土地经济管理	重点	较难	重点讲授	技能点
农业技术开发	重点	难	重点讲授	技能点
农业技术改造	一般	容易	一般讲授	
农业技术创新	重点	难	重点讲授	技能点
农业企业融资的模式	重点	容易	重点讲授	技能点

（续）

知识点	重要程度	理解难易程度	教学要求	备注
股权融资	重点	难	重点讲授	技能点
众筹融资及融资流程	一般	较难	一般讲授	
个人对个人（P2P）网络贷款模式及流程	一般	难	重点讲授	
电商小贷融资及流程	重点	难	重点讲授	技能点

教学、辅导、自学提示：

本模块主要学习农业企业管理中的要素管理部分，从人力、土地、技术、资金等多角度出发讲解农业企业的要素管理，便于学员掌握薪酬管理、绩效考评、技术创新的内容，并帮助企业实施人力资源管理，选择正确的途径融资。

农业企业的人力资源管理是实现组织目标的有效手段，其主要内容包括制订人力资源计划、岗位分析和工作设计、招聘与选拔、入职教育及培养、工作绩效考核及设计员工工资报酬与福利保障设计等。通过本任务的学习，了解岗位招聘与选拔，掌握薪酬管理及绩效考核的方法。

农业企业土地资源管理的目的在于提高土地资源的利用效率和生产率，其主要内容是遵循土地管理的原则，实现土地权属管理、利用管理和经济管理 3 项工作，掌握土地承包费用的测算方法，了解土地确权的基本流程，实现土地的有效利用管理。

农业企业技术资源管理主要包括农业技术研究和农业技术工作管理两大类。其管理内容体现在农业技术研究、农业技术开发、农业技术改造、农业技术引进等方面。通过本部分的学习，学员应了解技术资源管理的方法和内容，掌握农业技术开发及创新的途径，并学会对现有的农业技术进行升级改造。

农业企业的筹资管理影响着企业的运行，关系着企业的决策。通过了解农业企业融资模式，帮助企业实现筹资管理，通过对电商小贷融、众筹融资、资股权融资的充分认知，理性选择融资途径，掌握融资流程，解决农业企业发展资金不足的问题。

模块四　农业企业生产管理

教学目的：通过本模块的学习，了解农业企业生产的特点，掌握农业企业生产过程的组织和管理。生产是农业企业经营管理的一个重要环节，本部分主要介绍规模种植业、规模养殖业、农产品加工生产的特点和过程的组织管理，从中将会学到如何编制农业企业生产计划，以及如何对农业企业开展标准化生产。

教学内容与要求：

知识点	重要程度	理解难易程度	教学要求	备注
规模种植业生产的特点	一般	容易	一般讲授	
规模种植业生产计划的编制	重点	较难	重点讲授	技能点
规模种植业生产过程组织与管理	重点	较难	重点讲授	技能点
规模养殖业生产的特点	一般	容易	一般讲授	
规模养殖业生产计划的编制	重点	较难	重点讲授	技能点
规模养殖业生产过程的组织与管理	重点	较难	重点讲授	技能点
现代农产品加工的特点	一般	容易	一般讲授	
现代农产品加工过程的组织管理	重点	较难	重点讲授	技能点
农业标准化生产的含义及意义	一般	容易	一般讲授	
农业标准化生产的组织和管理	重点	较难	重点讲授	技能点

教学、辅导、自学提示：

本模块是农业企业经营管理的重要组成部分，主要介绍了 4 个方面的内容：规模种植业的生产管理、规模养殖业的生产管理，农产品加工生产管理、农业标准化生产。

规模种植业的生产管理部分重点讲解生产计划的制订和生产过程的组织管理。通过教学，要求学员了解规模种植业的特点，熟悉规模种植业生产计划的内容，掌握生产过程组织的原则和管理的要求，能够用综合平衡法编制生产计划，并熟练进行规模种植业生产的时间组织和空间组织。

规模养殖业的生产管理部分同样重点讲解生产计划的编制和生产过程的组织管理。通过教学，要求学员了解规模养殖业的特点，重点熟悉家畜、家禽生产计划的内容和编制要求，掌握规模养殖业生产过程的组织和管理。

农产品加工生产管理部分重点讲解农产品加工过程及其组织管理。通过教学，要求学员了解现代农产品加工的特点和要求，熟悉农产品加工过程的构成，能够运用工艺专业化、对象专业化和混合型 3 种方式对生产加工过程进行空间组织，运用顺序移动、平行移动、平行顺序移动 3 种方式对生产加工过程进行时间组织。

农业标准化生产部分重点讲解农业标准化生产的组织和管理。通过教学，要求学员了解农业标准化生产的含义和实施农业标准化生产的意义，熟悉农业标准体系及其构成，掌握农业标准化生产的组织和管理要点。

模块五　农产品质量安全管理

“民以食为天”，农业问题始终是关系国计民生的大问题。食用农产品是人类赖以生存的物质基础，是国家发展和社会稳定的基础。21 世纪以来，由于农产品生产技术、加工技术的迅速发展，以及农产品贸易的全球化，农产品安全问题日益成为遍及全球的公共卫生问题，时有危及消费者的农产品安全事件发生。

教学目的：通过本模块的知识讲解，学员可了解影响农产品质量的主要因素，掌握解决生产与流通中农产品质量安全的方法，熟悉农产品“三品一标”认证流程，了解农产品质量追溯系统的运用。

教学内容与要求：

知识点	重要程度	理解难易程度	教学要求	备注
农产品质量安全影响	一般	容易	一般讲授	
农产品质量安全源头	重点	难	重点讲授	技能点
农产品流通加工注意点	一般	容易	一般讲授	
农产品质量包装安全	重点	较难	重点讲授	技能点
农产品质量储运安全	重点	难	重点讲授	技能点
农产品质量流通安全措施	重点	较难	重点讲授	技能点
农产品质量认证类型	一般	容易	一般讲授	
农产品品质认证程序	重点	容易	重点讲授	技能点
农产品追溯系统功能	重点	较难	重点讲授	
农产品追溯类型	一般	容易	一般讲授	

教学、辅导、自学提示：

本模块主要学习农业企业管理中的农产品质量保证部分，从农产品质量源头安全、种养安全和流通安全等技能点讲解农产品品质保证方法，从不同类型认证角度讲解“三品一标”认证程序。此外，还介绍了农产品追溯系统的主要组成部分。

农产品质量保证要从农产品质量源头做起，主要包括种养地域环境、品种、农业生产投入品、疾病防治和政府监管等方面。通过本任务的学习，要求学员学会选择地域环境和品种，掌握种养过程中投入品的使用，了解疾病防治注意点和监管工作的重要性。

农产品流通包括农产品的加工、包装、运输和储存等，是农产品产需衔接的必要途径。通过本任务的学习，学员要了解流通加工场所、加工设备、人员等要素的选择与管理，掌握农产品包装物、包装投入品的选择，掌握认证标志、检疫证明的使用，熟悉农产品仓储与运输中的保鲜与安全要求。

农产品认证包括产品认证和质量体系认证，主要类型包括 SC、绿色食品认证、有机食品认证、地理标志认证、ISO9000 等。本任务要求学员了解不同类型认证的主要内容，熟悉绿色食品、有机食品、地理标志认证内容，掌握农产品“三品一标”认证的要求与程序。

农产品质量追溯围绕“从农田到餐桌”的安全管理理念，综合运用网络及条码识别等前沿技术，具有生产企业（基地等）、农产品生产档案（产地环境、生产流程、质量检测）管理、检测数据（企业自检、检测中心抽检）管理、条形码标签设计和打印、基于网站和手机短信平台的质量安全溯源等功能，实现了对农业生产、流通等环节信息的溯源管理，为政府部门提供了监督、管理、支持和决策的依据，为企业建立了包含生产、物流、销售的可信流通体系。本任务要求学员了解农产品质量追溯系统的建设思路，熟悉农产品质量追溯系统的功能，掌握农产品追溯系统的类型。

模块六　农业企业营销管理

教学目的：通过本模块的学习，理解和掌握农产品市场细分与定位的方法及步骤、农产品市场调查的含义和步骤，认知农产品品牌建设的三要素，培养农业企业家为农产品选择合适营销方式的能力。

教学内容与要求：

知识点	重要程度	理解难易程度	教学要求	备注
农产品市场调研	重点	容易	重点讲授	
农产品市场预测	相对重点	容易	一般讲解	
农产品市场细分	重点	较难	重点讲授	
农产品市场定位	重点	较难	重点讲授	
品牌的组成部分	相对重点	容易	一般讲解	
农产品品牌的作用与意义	一般	容易	了解	
农产品品牌建设的三大要素	相对重点	较难	一般讲解	
农产品营销的内涵	一般	容易	了解	
农产品营销策略	重点	难	重点讲授	

教学、辅导、自学提示：

本模块是农业企业经营管理中比较关键的一个环节，主要从农产品市场调查与预测、细分市场与产品定位、农业企业产品品牌管理、如何进行农产品品牌建设与营销管理 4 个方面进行讲解。

农产品市场调查与预测部分介绍了市场调研与预测的方法，希望学员通过市场调查，对农产品未来销售的市场变化和发展趋势进行判断及推测。

农产品市场细分与定位部分介绍了农产品市场细分的依据和步骤，农产品定位的依据、步骤与策略，要求学员掌握农产品市场细分与定位的方法。

农业企业产品品牌管理部分介绍了品牌的组成、农产品品牌建设的意义及要素，学员要对农产品品牌的相关理论有所了解。

农业企业产品营销策略部分介绍了品牌营销的内涵以及农产品品牌策略，要求学员能够从消费者心理及顾客让渡价值的角度制定农产品品牌营销策略。

模块七　农业企业财务管理

教学目的：通过本模块的学习，理解农业企业成本管理的含义；掌握完全成本法、变动成本法的计算与分析，认知股利分配战略选择的类型；掌握农业企业财务指标的计算；认知农业企业非财务指标评价体系，培养农业企业家的成本意识与财务分析能力。

教学内容与要求：

知识点	重要程度	理解难易程度	教学要求	备注
农业企业成本管理的含义	一般	容易	重点讲授	
完全成本法的计算与分析	相对重点	较难	一般讲解	
变动成本法的计算与分析	重点	难	重点讲授	技能点
股利分配战略选择的类型	一般	容易	了解	
农业企业财务指标评价体系	重点	难	重点讲授	技能点
农业企业非财务指标评价体系	一般	容易	一般讲解	

教学、辅导、自学提示：

本模块是学习农业企业管理这门课程的财务管理部分，从农业企业成本管理的含义、完全成本法与变动成本法的计算与分析、股利分配战略选择的类型、农业企业财务指标与非财务指标评价体系等几个方面进行讲解。

成本管理是企业在营运过程中实施成本预测、成本决策、成本计划、成本控制、成本核算、成本分析和成本考核等一系列管理活动的总称。企业成本管理的方法一般包括完全成本法、变动成本法、作业成本法、目标成本法和标准成本法等，本教材重点介绍完全成本法与变动成本法。通过本部分的学习，要求学员掌握农业企业成本管理的含义，熟悉完全成本法的计算与分析，重点掌握变动成本法的计算与分析。

分配战略或称收益分配战略，从广义来讲，是指以战略眼光确定企业收益留存与分配的比例，以保证企业债权人、员工、国家和股东的长远利益；狭义的分配战略是指股利分配战略。股利分配战略的内容包括股利支付率、股利稳定性和信息传递 3 个方面，本教材重点讲解分配战略概述与股利分配的战略选择。通过本部分的讲授，要求学员了解农业企业分配战略的内涵、目标、原则，理解股利分配战略选择的影响因素，掌握股利分配战略选择的类型。

从农业企业经营效益评价的角度，重点讲解农业企业经营效益的财务指标和非财务指标评价体系。通过本部分的学习，要求学员重点掌握盈利能力、营运能力、偿债能力 3 个方面财务指标的计算与分析，理解农业企业经营外部环境、经营者基本素质、产品质量、产品市场占有能力、在岗员工素质、技术装备与改造水平、发展创新能力、综合社会贡献、生态环境保护等对企业经营具有重大影响的非定量因素。

模块八　农业企业风险管理

教学目的： 通过本模块的学习，认知农业企业风险及其分类，理解农业企业风险管理的基本原则，掌握农业企业风险应对的方法，树立农业企业家的风险意识。

教学内容与要求：

知识点	重要程度	理解难易程度	教学要求	备注
农业企业风险的含义	一般	容易	一般讲解	
农业企业风险的类别	相对重点	较难	重点讲授	
农业企业风险管理的基本原则	一般	容易	了解	
农业企业的风险应对	重点	难	重点讲授	技能点

教学、辅导、自学提示：

本模块主要学习农业企业管理这门课程的风险管理部分，从农业企业风险的含义、农业企业风险的类别、农业企业风险管理的基本原则、农业企业风险应对等几个方面进行讲解。

农业企业风险是指未来的不确定性对企业实现其目标的影响。风险与目标实现相关，风险来自不确定性。按照风险的内容可将风险分为自然风险、市场风险、制度风险、技术风险和信贷风险等。成功的全面风险管理应本着匹配性、融合性、综合性、动态性的原则，使其更加有效、高效。通过本部分的学习，要求学员了解农业企业风险的含义，理解农业企业风险管理的基本原则，重点掌握农业企业风险的类别。

风险应对是在风险组合观的基础上，从企业整个范围和组合的角度去考虑。风险应对策略包括风险承受、风险规避、风险分担和风险降低。农业企业风险应对包括用足农业补贴政策；运用农业保险转移风险；学习农业税收优惠政策节约开支；成立农民专业合作组织共担风险；寻求与知名企业的市场协同发展，走多元化、一体化的发展道路。通过本部分的学习，要求学员重点掌握农业企业风险应对策略，能够理论联系实际，举一反三，灵活运用所学风险应对策略解决农业企业运营过程中的风险管控问题。

模块九　农业企业国际化经营

随着经济社会的发展，土地、劳动力等要素对我国农业发展的制约越发明显，农业持续增长动力不足和农产品市场供求结构显著变化。近年来，国家深入实施“一带一路”倡议，开放的国际竞争环境给农业企业国际化经营发展带来了新的市场机遇，与此同时也面临诸多挑战。

教学目的：通过本模块的学习，了解农业企业国际化经营的机遇和挑战，熟悉农业企业国际化经营方式的选择。

教学内容与要求：

知识点	重要程度	理解难易程度	教学要求	备注
农业企业国际化的机遇	一般	容易	一般讲授	
农业企业国际化经营风险	重点	难	重点讲授	技能点
农业企业国际化经营方式	重点	较难	重点讲授	技能点

教学、辅导、自学提示：

本模块主要学习农业企业管理中的国际化经营部分，从“一带一路”倡议背景下国际化经营的机遇、挑战和经营方式的选择等技能点介绍农业企业国际化经营。

农业企业国际化经营的机遇主要包括国家政策带来的机遇、知识经济带来的机遇、生物能源带来的发展机遇、区域经济发展带来的产业变革、“互联网＋”农业发展新模式等方面。通过本任务的学习，要求学员了解农业企业国际化对促进“一带一路”倡议的重要意义，以及农业企业国际化面临的机遇。

农业企业国际化经营的挑战包括外部环境日益复杂，发展环境不确定；海外业务经营风险持续时间较长；国内外竞争日益激烈；绿色壁垒带来的竞争日益严重；技术创新面对各类瓶颈；中外融合风险系数增加等。通过本任务学习，学员应掌握农业企业国际化经营可能的风险。

农业企业国际化经营方式的选择包含间接方式出口和直接方式出口。通过本任务的学习，学员要掌握直接方式出口的优缺点、间接方式出口的优缺点，以及国际劳务合作、国际承包等农业企业国际化经营方式。

参 考 文 献

财政部会计资格评价中心，2018. 高级会计实务［M］. 北京：经济科学出版社.

葛文光，2013. 农业企业经营与管理［M］. 北京：中国农业科学技术出版社.

纪绍勤，文承辉，2016. 新型职业农民典型风采［M］. 北京：中国农业出版社.

贾玉娟，2017. 农产品质量安全［M］. 重庆：重庆大学出版社.

江维国，李立清，2015. 互联网金融下我国新型农业经营主体的融资模式创新［J］. 财经科学（8）：7-18.

姜庆，张冬平，2016. 中小农业企业财务管理困境及对策——基于部分中小农业企业的调查［J］. 成都大学学报（社会科学版）（6）：32-38.

雷兰军，2013. 浅析农业企业风险的有效管理［J］. 现代经济信息（14）：123.

李蕾，郭懿，齐欣，等，2017. 风险管理［M］. 北京：清华大学出版社.

李平，2015. 农业企业财务管理与分析［M］. 北京：知识产权出版社.

刘鹏，2018. 农业企业资金管理中存在的问题及对策——以养殖企业为例［J］. 吉林农业，（3）：68.

倪国华，张璟，郑风田，2014. 对农业"走出去"战略的认识［J］. 世界农业（4）：15-18.

邱桂林，2015. "一带一路"战略与中国农业国际化研究［J］. 中外企业家（21）：23-26.

隋金豆，2015. 北大荒垦丰种业股份有限公司资金集中管理的研究［D］. 哈尔滨：哈尔滨工业大学.

吴坚，2014. 农业企业经营与管理［M］. 云南：云南大学出版社.

武畑汝，张冬平，2017. 农业类上市公司经营绩效的主成分分析［J］. 经济论坛（9）：81.

西爱琴，2014. 农户农业生产经营决策行为研究［J］. 中国农业科学院.

徐翠萍，2010. 中国农户收入、生产行为与技术效率研究［D］. 上海：上海交通大学.

徐海斌，张汛，王丽平，2009. 国内外农产品营销现状及发展新模式［J］. 江苏农业科学.（1）：16-18.

曾丁文，2005. 农业企业绩效评价研究［D］. 长沙：湖南农业大学.

郑春燕，李蒙，刘晓凤，2011. 农产品体验营销策略及其控制研究［J］. 农产品加工（学刊）（2）：89-91.